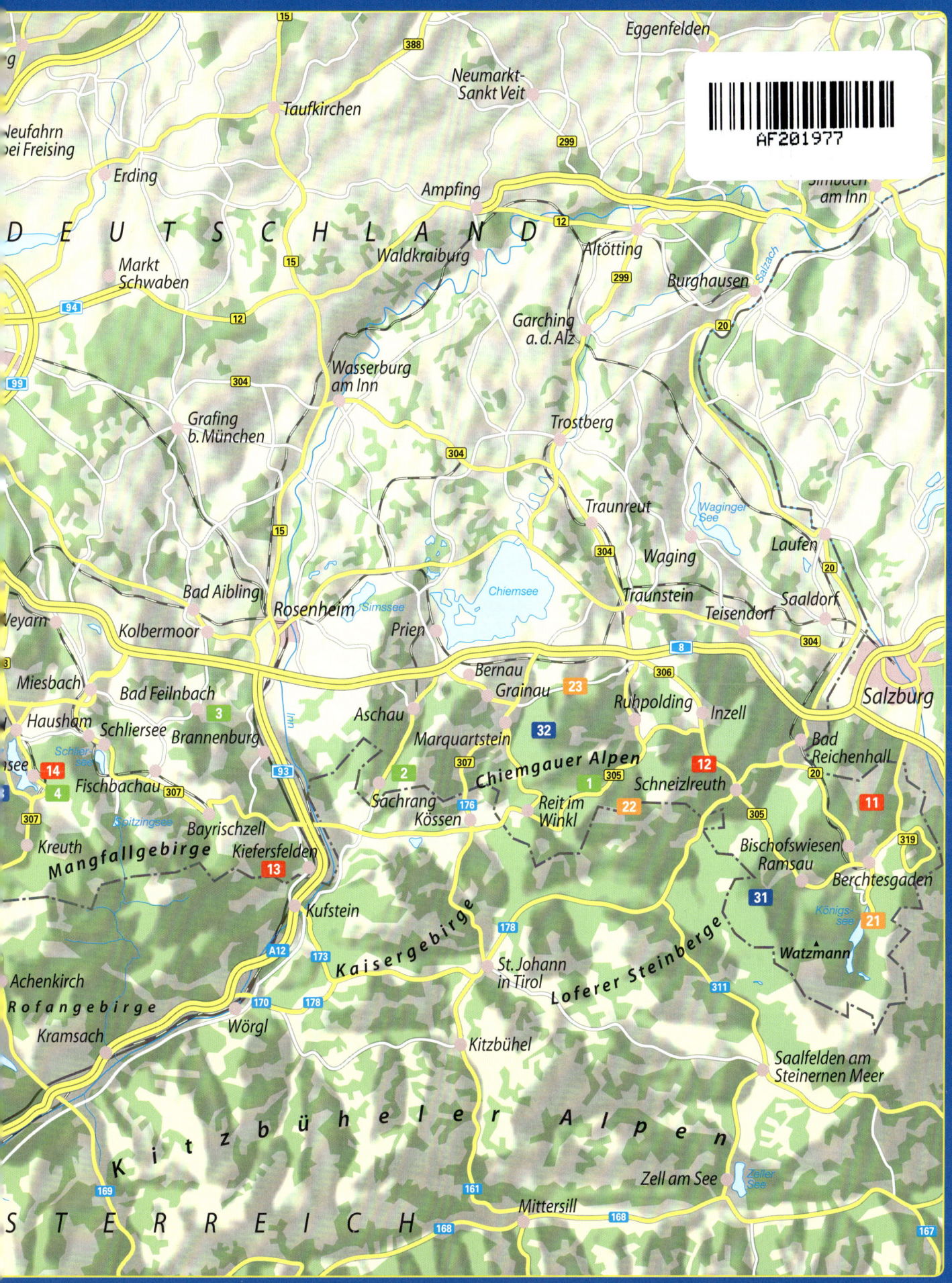

Simon Auer | Stefan Rosenboom

Die schönsten
Wanderungen für alle Jahreszeiten
in den Bayerischen Alpen

Bassermann

Herbst über dem Königssee

Vier Jahreszeiten – Die schönsten Wanderungen

Inhalt

Die Touren

Frühjahr

Sommer

40 Genusstouren für jeden Geschmack

Vorwort

Jede Jahreszeit hat ihre Besonderheiten, ihre Schönheiten, ihren Zauber. Doch wie viel davon bekommen wir mit, wenn wir nur in unseren Stuben hocken? In meiner Kindheit begann die Wandersaison immer erst im August, dann waren Ferien, dann hatten die Eltern Zeit, dann waren die Temperaturen schon etwas gemäßigt und alle Hütten und Almen waren bewirtschaftet, sodass für eine Einkehr oder Übernachtungsmöglichkeit gesorgt war. Doch einen Nachteil hatte diese Konvention: Die Wanderzeit war einfach zu kurz. Denn Mitte Oktober war schon wieder das Ende in Sicht, wir hatten bereits den Winter im Blick, und das bedeutete Ski fahren. Heute haben wir mehr Zeit als früher, wir verfügen über eine bessere Ausrüstung und wir haben vielleicht eine noch größere Lust auf Natur als früher. Diese gewandelte Einstellung schlägt sich nun auch in den Öffnungszeiten so mancher Unterkunftshütte und so mancher Einkehralm nieder. Bis auf wenige Wochen Betriebsurlaub sind viele ganzjährig bewirtschaftet. Und das nicht nur wegen der Skifahrer im Winter, nein, denn so mancher Pistenjäger ist konvertiert und ist nun im Winter zu Fuß unterwegs: wandernd in gut isolierten Winterstiefeln oder mit dem Schneeschuh bewehrt. Doch keine Angst, wir bieten hier keinen Schneeschuhführer an. Für alle in diesem Band vorgestellten Wanderungen benötigen Sie lediglich die normale Wanderausrüstung. Für einige spezielle Routen geben wir jedoch ein paar Extra-Tipps, um gegen etwaige technische Probleme besser gerüstet zu sein.

Machen wir uns also auf, die Bayerischen Hausberge in all ihren Facetten, in all ihrer Schönheit das ganze Jahr über zu erkunden.

Wir haben die Touren so ausgewählt, dass ein Höchstmaß an Naturgenuss gewährleistet wird. Doch damit ist es nicht genug. Wir wollen auch Einkehr halten in diversen Hütten und Almen, und die Jahreszeiten schlagen sich auch dort nieder. Die Hüttenköche – natürlich sind es nicht alle – werfen einen Blick auf die Natur, sie sammeln Kräuter und verwenden sie in der Küche (so gibt es z. B. im Frühjahr häufig mit Bärlauch veredelte Gerichte) oder sie haben im Herbst einen guten Draht zu den Jägern und bieten schon mal einen Gams- oder Hirschbraten an. Lassen Sie sich überraschen! Hier noch ein paar Anregungen, weshalb Sie sich zu den verschiedenen Jahreszeiten auf die Socken machen sollten.

Frühjahrswanderungen

Die ersten warmen Sonnenstrahlen umspielen unsere Gesichter, von der Schneeschmelze gespeiste Bäche sprudeln und strömen zu Tal, üppige Blumenwiesen und duftende Kräuter erfreuen unsere Sinne, noch mit Schnee bedeckte Berggipfel bieten dazu reizvolle Kontraste. Sie werden aus dem Staunen nicht hinauskommen, was die Natur da so alles zu bieten hat!

Wanderungen für alle Jahreszeiten

Sommerwanderungen

Heiße und sonnige Tage, Badewetter, Kuhgeläute auf den Almen, der Duft gemähter Wiesen, das sind unsere Assoziationen für den Sommer. All das können wir auf unseren Wanderungen haben. Und so mancher Bergsee und Gebirgsbach lädt dazu ein, das Wasser zu testen.

Schattige Waldwanderungen mit überraschenden Aussichtspunkten, ein Platz zum Baden oder Picknicken, eine urige Alm. Zu diesen schönen Plätzen wollen wir Sie hinführen. Apropos Hitze: Im Sommer stehen wir einfach früher auf. Und wenn die Sonne am höchsten steht, sind wir schon längst auf den Bergen, auf dem Gipfel, und nicht mehr nur am Bergfuß. Und wenn die Sonne allmählich sich dem Horizont zuneigt, wandern wir gemächlich wieder ins Tal hinab.

Herbstwanderungen

Das sind die Tage mit der großartigen Fernsicht, der Laubfärbung, den raschelnden Blättern auf den Wegen, den kühlen Nächten, dem Raureif auf den Bergwiesen. Aber es gibt noch einige warme Tage. Und während dieser Zeit ist das Spektrum unserer Wanderungen am größten. Wir wandern über der Sonne ausgesetzten Grate und Berghänge, alle Hütten sind in der Regel noch geöffnet und der Schweiß muss nicht mehr so heftig fließen, als es im Sommer vielleicht der Fall war. Und mit etwas Glück kommen wir in den schön-schaurigen Genuss röhrender Hirsche, die sich dann gerade in der Brunft befinden.

Winterwanderungen

In der sogenannten stillen Zeit ist es heute nicht mehr ganz so ruhig. Doch es ist eine besondere Zeit. Verschneite Wälder und Gipfel, klirrende Kälte oder auch die ersten wärmenden Sonnenstrahlen im Spätwinter – die Natur zeigt sich in einem ganz anderen Gesicht. Und wir lieben das! Besonders wenn am Ziel unserer Wanderung eine gemütliche Hütte oder Einkehralm wartet, ein Kachelofen uns äußerlich und ein heißer Jagertee oder ein Glühwein unser Inneres wärmt. Und und und … Kommen Sie mit in die Bayerischen Alpen!

Genussreiche Touren zu allen Jahreszeiten wünscht Ihnen Ihr

Simon Auer

Das A bis Z des Wanderns

Damit unsere Wanderungen gut gelingen und wir auch wieder sicher und zufrieden nach Hause kommen, bedarf es einer gewissen Planung und Vorbereitung. Nachfolgend einige Empfehlungen und Hinweise, die jeder Wanderer nach seinem Gusto als Anregung annehmen mag.

Allgemeine Wandertipps

Die wesentlichen Informationen zu jeder Wanderung in diesem Vorschlagsband finden Sie in den ausführlich gestalteten Info-Kästen, die jeder Tourenbeschreibung beigefügt sind; sie enthalten die notwendigen Angaben zur Anfahrt, damit Sie den Ausgangspunkt Ihrer ausgewählten Tour auch sicher finden, die Gehzeiten, die körperlichen und technischen Anforderungen, die Öffnungszeiten der ange-

steuerten Hütte oder Alm sowie eine Kartenempfehlung und die Adresse des nächstgelegenen Tourismusbüros.

Anfahrt

Mit dem Auto: Das Wandergebiet der Bayerischen Hausberge ist über mehrere Autobahnen (A 8, A 95, A 96 und A 7) bzw. zahlreiche Bundes- und Staatsstraßen gut zu erreichen. Für die Anreise mit dem Auto wurde jeweils der am günstigsten gelegene Wanderparkplatz zum Ausgangspunkt der Tour angegeben. Bitte an Kleingeld denken, denn viele der mittlerweile eingerichteten Wanderparkplätze sind gebührenpflichtig.

Mit Bahn & Bus: Alle Ausgangspunkte unserer Tourenvorschläge, die mit öffentlichen Verkehrsmitteln – Bahn und Bus – ohne großen Zeitverlust gut zu erreichen sind, finden eine besondere Erwähnung, um auch eine alternative, manche würden sagen umweltfreundliche Anfahrtsmöglichkeit vorzustellen. Die günstigen Wochenend-Tickets bzw. das Bayern-Ticket machen diese Entscheidung noch leichter, sie helfen sogar Geld sparen.

Von den Bahnhöfen der Deutschen Bahn sowie der Bayerischen Oberlandbahn (BOB) fahren regelmäßig – wenn auch nicht immer sehr oft – Busse zu den Ausgangspunkten unserer Wanderungen. Vor allem im Winter muss hier mit eingeschränkten Möglichkeiten gerechnet werden.

Anforderungen

In unserem vorgestellten Tourengebiet, den Bayerischen Alpen, bewegen wir uns auf einem sehr guten Wegenetz, das von den alpinen Vereinen sowie den örtlichen Gemeinden gewartet und bei Bedarf auch saniert wird. Alle hier beschriebenen Wanderungen führen in der Regel über ausgeschilderte und markierte Bergwege und Bergsteige. Auf einigen wenigen Wegpassagen sind jedoch Trittsicherheit und Schwindelfreiheit erforderlich; dies trifft vor allem auf einen Teil der angesteuerten Gipfel zu; bei einigen wenigen Touren sollte auch Bergerfahrung mitgebracht werden. Siehe dazu die Tourenübersichten am Ende des Buches.

Ausrüstung

Feste Schuhe mit entsprechendem Profil sind das A und O des Bergwanderns; wichtig ist, dass sie vor allem den Knöcheln einen guten Halt geben. Kein Weg kann so gut ausgebaut sein, dass der Fuß nicht auch mal umknicken kann, ein grober Stein im Weg liegt, den man dann auch noch übersehen hat usw. Ein Rucksack mit Reservekleidung, ein Anorak oder Poncho, eine gefüllte Trinkflasche sowie etwas Proviant gehören in jeden Rucksack. Auch ein Erste-Hilfe-Set und eine Trillerpfeife für die Signalgebung sollten immer zur Grundausstattung gehören. Als sinnvoll erweist sich im Frühjahr und im Sommer auch ein Hut oder eine Mütze sowie die Mitnahme von Sonnencreme.

Für den Aufenthalt auf der Hütte empfehlen sich: Hüttenschuhe, Hüttenschlafsack (bei den AV-Hütten obligatorisch) und eine kleine Taschenlampe sowie Ohropax. Vor Schnarchern sei gewarnt! Doch ein Tipp: Teilen Sie Ihr Problem dem Hüttenwirt mit, er wird Sie nach Möglichkeit in einem separaten Schlaflager unterbringen.

Bergbahnen

Bergbahnen sind in der Regel ganzjährig in Betrieb, im Frühjahr und im Spätherbst müssen wir jedoch wegen Wartungsarbeiten auf diese Auf- bzw. Abstiegshilfe für einige Wochen verzichten. Zu Beginn der Wandersaison im Mai bis Anfang Juni sind manche der Bergbahnen wegen der geringen Auslastung nur am Wochenende in Betrieb. Auch während der Mittagszeit muss damit gerechnet werden, dass einige Bergbahnen eine Auszeit nehmen. Also bitte vorher Erkundigungen einziehen.

Wandertipps

 Bergrettung

Nicht nur im Hochgebirge, auch auf der einfachsten Wanderung können einmal Probleme auftreten: Wettersturz, plötzlicher Schneefall oder Hagel, Blitzschlag und Nebel. Aber auch ein Abrutschen in steilem Gelände, ein Verstauchen des Knöchels usw. gehören nicht zu den seltenen Vorkommnissen. Daher sollte jeder Bergwanderer das international eingeführte Notsignal beherrschen: Innerhalb einer Minute wird sechsmal in regelmäßigen Abständen, mit einer Minute Unterbrechung, ein hörbares oder sichtbares Zeichen (Pfeifen / Blinken, z. B. mit Trillerpfeife oder Taschenlampe) gegeben. Der Empfänger antwortet mit dreimaliger Zeichengebung in der Minute.

Die Mitnahme eines Handys bietet nicht immer eine Gewähr dafür, schnelle Rettung oder Hilfe anfordern zu können. Es gibt trotz der alpenweiten Notrufnummer (112) sogenannte Funklöcher; aber auch der Akku kann schnell mal leer sein. Um sicherzugehen, besser also zusätzlich ein Signalpfeiferl mitnehmen.

 Gehzeiten und Höhenmeter

In der Regel werden pro Stunde Gehzeit bei einem durchschnittlichen Gehtempo 400 Höhenmeter (Hm) im Anstieg und etwa 600 bis 700 Höhenmeter im Abstieg bewältigt. Diese Angaben verstehen sich natürlich als reine Gehzeiten ohne Pausen. Wer sich also für die Natur am Wege interessiert, muss reichlich zusätzliche Zeit einplanen.

Wanderkarten

Für das Gebiet der Bayerischen Alpen bietet sich die Mitnahme der Topografischen Blätter des Bayerischen Landesamtes für Digitalisierung, Breitband und Vermessung (LDBV) im Maßstab 1 : 50 000 an. Folgende Sonderblätter decken unser behandeltes Wandergebiet vorzüglich ab: „Berchtesgadener Alpen" (hierzu gibt es auch eine sehr gute Karte im Maßstab 1: 25 000, die den Nationalpark Berchtesgaden abdeckt), „Chiemsee – Chiemgauer Alpen", „Mangfallgebirge", „Tölzer Land – Starnberger See", „Pfaffenwinkel – Ammergauer Alpen, nördl. Teil", „Karwendelgebirge", „Werdenfelser Land – Ammergauer Alpen", „Füssen", „Allgäuer Alpen".

Die in diesem Buch abgebildeten Karten finden Sie auch zum Download unter:
www.bassermann-verlag.de/wanderungen-fuer-alle-jahreszeiten-karten

Tourenplanung

Vor Aufbruch zur Tour sollten Sie sich über die allgemeine Wetterlage kundig machen. Über das Internet bzw. die Tourismusämter lassen sich am schnellsten die nötigen Informationen besorgen. Gehen Sie auch sicher, dass die Hütten und Almen, die an Ihrer Wanderroute liegen, am geplanten Wandertag geöffnet haben, damit Sie nicht frustriert vor verschlossenen Türen stehen. Manche Alpenvereinssektionen reservieren sich ein Wochenende im Sommer oder Herbst für ihre Mitgliedertreffen, dies müssen Sie bedenken, falls Sie eine Übernachtung einplanen wollen. Bei Privathütten oder bewirtschafteten Almen können auch private Umstände zu einer kurzfristigen Schließung führen.

Verpflegung

Die meisten der hier vorgestellten Touren sind natürlich so ausgewählt, dass zu Beginn, auf oder am Ende der Wanderung eine reizvolle Einkehrmöglichkeit wartet. Dies kann ein Berggasthaus sein, eine bewirtschaftete Alm, eine private Berghütte oder eine Hütte der alpinen Vereine wie der Deutsche Alpenverein oder der Touristenverein „Die Naturfreunde". Es steht trotzdem jedem frei, sich aus dem Rucksack zu verpflegen. Doch die meisten von uns werden sich einem frisch zubereiteten Kaiserschmarrn, einer guten Suppe oder einem deftigen Fleischgericht am Ziel Ihrer Tour nicht verweigern. Ja, für manchen ist das sogar ein wichtiger Inhalt der Wanderung. Bei einigen wenigen Touren müssen Sie jedoch auf diese Annehmlichkeit verzichten. Doch auch wenn Sie auf einer Route mit Einkehrmöglichkeit unterwegs sind, sollten Sie immer eine gefüllte Trinkflasche und einen Notproviant bei sich führen. Es könnte sein, dass Sie die Hütte wegen eines Wetterumschwungs nicht mehr erreichen können, dass Sie sich verletzen oder dass die Hütte trotz anderslautender Information doch geschlossen ist.

Übernachtung in den Bergen

Einige der hier vorgeschlagenen Wanderungen führen auch zu Hütten und Almen, auf denen Sie übernachten können. Sie alle sind über markierte Wege und Steige zugänglich. Sie bieten uns Erfahrungen besonderer Art, wir können Sonnenuntergänge wie auch Sonnenaufgänge erleben. Sie stärken das Gruppengefühl und wer alleine unterwegs ist, findet dort oben auch leicht Anschluss. Die meisten Hüttenbesucher sind bekanntlich recht kommunikativ.

Auf diesen Hütten und Almen gibt es neben einigen wenigen Zimmern meistens Mehrbettlager mit etwa 6 bis 30 Schlafplätzen. Die großen „Schnarchlager" sind passé. Der Trend geht zu kleineren Einheiten. Alle Schlafplätze in den Alpenvereinshütten der Kategorie I dürfen nur mit einem sogenannten Hüttenschlafsack benutzt werden (dieser kann in der Regel auf der Hütte selbst erworben werden). Bei den Privathütten und den bewirtschafteten Almen, die entweder von ihren Besitzern, aber auch Pächtern bewirtschaftet werden, legt der Wirt selbst die Regeln fest.

 ### Hüttenregeln des Deutschen Alpenvereins:

Es besteht eine Meldepflicht, d. h. jeder Hüttenbesucher muss sich bei der Ankunft in das Hüttenbuch eintragen.

• Anspruch auf einen Schlafplatz: Alpenvereinsmitglieder haben das Vorrecht vor Nichtmitgliedern.

• Hüttenruhe ist in den Hütten der Kategorie I zwischen 22 Uhr und 6 Uhr, in den Hütten der Kategorie II zwischen 23 Uhr und 7 Uhr. Frühaufsteher müssen sich so verhalten, dass die Hüttenruhe nicht gestört wird. Von 23 bis 6 Uhr hat in der Hütte völlige Ruhe zu herrschen.

• Das Übernachten auf den Alpenvereinshütten ist nur mit Hüttenschlafsack gestattet. Dieser kann auch auf den Hütten erworben werden.

• Der Verzehr mitgebrachter Speisen ist in den Alpenvereinshütten der Kategorie I und II gestattet, der Genuss von mitgebrachten Alkoholika jedoch nicht.

• Eigener Abfall darf nicht auf der Hütte deponiert werden.

• Hunde dürfen nicht in Schlafräume mitgenommen werden (in Absprache mit dem Hüttenwirt ist aber bei einigen Hütten die Mitnahme eines Hundes erlaubt).

• Hüttenbesucher (ab 15 Jahren), die nicht auf der Hütte übernachten, müssen eine Tagesgebühr entrichten.

Wandern im Winter

Die in diesem Band vorgestellten Wintertouren sind leicht zu bewältigen, zum Teil führen sie auch über geräumte oder gebahnte Wege. Trotzdem sollten wir den veränderten Bedingungen Rechnung tragen und unsere Ausrüstung etwas aufstocken.

So empfiehlt sich die Mitnahme von Teleskopstöcken, um auf glatten Wegstellen besser balancieren zu können. Bei steilen Anstiegen sind auch Grödeln oder Spikes (z.B. von kochalpin) nicht verkehrt. Bei einigen wenigen Touren könnten wir auch den Einsatz von Schneeschuhen erproben (Tour 32, Tour 34, Tour 39). Mütze und Handschuhe gehören unbedingt dazu. Wechselwäsche, eine Überhose, Gamaschen und Sonnencreme mit hohem Lichtschutzfaktor sowie eine Sonnenbrille sind auch nicht verkehrt. Denken Sie daran, dass bei schlechter Sicht das grelle Weiß unsere Wahrnehmung beeinträchtigen kann. Oder dass bei Schneetreiben Spuren leicht verwischen können. Für die Stärkung zwischendurch und um die Moral zu heben, ist die Mitnahme eines heißen Tees oder Getränks aus der Thermoskanne sehr zu empfehlen. Wegen der kurzen Tage sollten wir auch an die Mitnahme einer Taschenlampe denken, diese aber körpernah tragen, damit die Batterieleistung sichergestellt ist.

Aufgrund der besonderen Bedingungen (Schnee und Vereisung, geringeres Aufkommen von Wanderern, Revisionszeiten der Bergbahnen) sind viele der auch im Winter bewirtschafteten Berghütten und Almen nicht durchgehend bewirtschaftet. Einige der Hütten sind dann nur am Wochenende geöffnet oder legen den einen oder anderen Ruhetag zusätzlich ein. Doch in die Wintersaison fallen auch einige der wichtigsten Ferienzeiten: die Weihnachtsferien, die Faschingsferien und die Osterferien. Dann sind nahezu alle Hütten auch durchgängig bewirtschaftet. Achtung: Manche Hütten bieten im Winter keine Übernachtungsmöglichkeit an. Also, bitte, unbedingt vorher Erkundigungen einziehen!

Familienfreundliche Touren

Nahezu alle in diesem Band vorgeschlagenen Wanderungen können auch von Familien mit Kindern durchgeführt werden. Wichtig ist jedoch dabei, dass wir an das Alter der Kinder denken. Sind die Kinder bereits 10 Jahre und darüber, müssen wir uns kaum noch Beschränkungen auferlegen. Wir sollten jedoch ein Mehr an Zeit einplanen. Sehen Sie dazu auch die Tourenübersicht am Ende des Buches. Bei Wanderungen durch Klammen und zu bewirtschafteten Almen sind Sie immer auf der sicheren Seite: denn diese Wege sind in der Regel abwechslungsreich, es gibt Spielmöglichkeiten und auf der Alm gibt es häufig auch einen Kaiserschmarrn. Oder wir

können bei der Käsezubereitung zuschauen. Bei den Touren 8 und 18 finden wir im Sommer herrliche Bademöglichkeiten vor. Im Winter sind es die Touren 32 und 38, die geradezu einladen, einen Schlitten mitzunehmen, denn es gibt dort bei guten Bedingungen jeweils eine herrliche Rodelbahn. Oder wie wär's mit einer Fackelwanderung durch die Breitachklamm?

Weitere Informationen

Alpine Auskunftsstelle des Deutschen Alpenvereins: Praterinsel 5, 80538 München, Tel. 0 89 / 29 49 40.

Bergwetterdienst (für die gesamten Alpen): Tel. 0 89 / 29 50 70.

Deutscher Wetterdienst (Regionalwetter Bayerische Alpen): Tel. 0 190 / 11 60-19.

Auskunft Winter: (Lawinenlagebericht Bayern): Tel. 0 89 / 92 14 12 10 (Bandansage).

Europäische Notrufnummer: 112

Bergrettungs-Notruf in Bayern: 112.

Internet: www.alpenverein.de

Dort finden Sie wichtige Informationen zu den Übernachtungshütten sowie weitere Informationen rund ums Bergwandern. Bei den Tourensteckbriefen ist die jeweilige Homepage der örtlichen Tourismusbüros angegeben. Dort gibt es manchmal umfangreiche Informationen zu den Orten, Gasthäusern, Berghütten, Sehenswürdigkeiten sowie zusätzliche Wandertipps.

Frühling

Blick über das Gipfelplateau der Hörndlwand

Die Hörndlwand ist eine der markantesten Gipfelgestalten der Chiemgauer Alpen. Natürlich ersteigen wir sie nicht über die steilen Felsen der Ostflanke, sondern umrunden sie elegant auf einem reizvollen, alpinen Steig. Auf seinem weiten Gipfelplateau lässt es sich gut rasten. Und im oft klaren Frühjahrslicht genießen wir nicht nur den Tiefblick auf das Ruhpoldinger Becken, sondern auch ein gewaltiges Panorama, das nahezu die gesamten Chiemgauer Alpen, das Kaisergebirge und Teile der Zentralalpen umfasst.

⊘ KARTE
Topographische Karte 1:50 000
„Chiemsee – Chiemgauer Alpen" (LDBV)

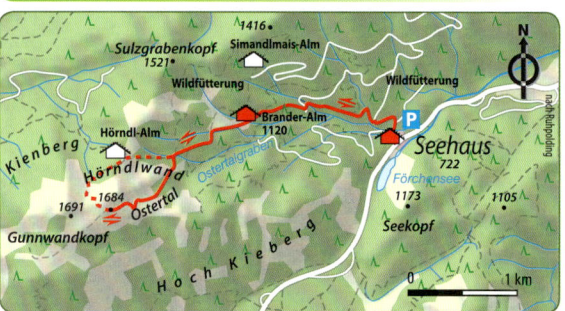

Anfahrt
Mit dem Auto: Auf der Salzburger Autobahn (A 8) bis zur Ausfahrt Siegsdorf, dann über Eisenärzt, Ruhpolding und Laubau in Richtung Reit im Winkl, bis zum Wanderparkplatz Seehaus, kurz vor dem gleichnamigen Gasthaus.
Mit Bahn & Bus: Mit der Deutschen Bahn bis Traunstein, dort umsteigen in den Regionalzug nach Ruhpolding. Von dort weiter mit dem RVO-Bus nach Seehaus.

Ausgangs- / Endpunkt
Wanderparkplatz Seehaus (722 m).

Charakter
Bergwanderwege und abschnittsweise Almwege bis zur Branderalm, dann Bergsteige zur Hörndlwand. Trittsicherheit und Schwindelfreiheit im Gipfelbereich erforderlich.

Höhenunterschied
970 Hm im Auf- wie im Abstieg.

Gehzeiten
Anstieg zur Branderalm 1 Std., Weiterweg zum Gipfel der Hörndlwand 1 ½ Std. Rückweg über die Hörndlalm und Abstieg ins Tal 1 ½ Std. Gesamtgehzeit: 4 Std.

☎ Tourist-Info
Tourist-Information Ruhpolding
Hauptstraße 60
83324 Ruhpolding
Telefon: 0 86 63 / 88 060
Internet: www.ruhpolding.de

Einkehr & Übernachtung

Gasthof Seehaus (722 m), ganzjährig bewirtschaftet mit Übernachtungsmöglichkeit; Tel. 0 86 63 / 90 01.

Branderalm (1120 m), täglich bewirtschaftet von Mitte Juni bis Ende September, ab Mai bis Mitte Juni sowie im Oktober an Wochenenden und Feiertagen (Brotzeiten und ein paar warme Gerichte); Tel. 0 86 63 / 625.

Die Branderalm auf dem halbem Weg zur Hörndlwand

Die Route

Vom Wanderparkplatz in Seehaus folgen wir bergwärts kurz der Forststraße, biegen rechts ab und folgen nach einer Brücke dem links abzweigenden Forstweg (Wegtafel). Bald zweigt wiederum nach links ein alter Bergwanderweg ab. Dies ist der alte Almweg, auf dem früher das Vieh zur Bergweide getrieben wurde. Wir durchschreiten ein Bachtal und wandern stetig durch Wald weiter bergan. Wir queren eine Forststraße und stoßen dann bald auf den neuen Almweg, dem wir bis zur Branderalm folgen. Beim ersten Almgebäude, einer Hütte mit Balkon, müssen wir uns entscheiden, ob wir einen kurzen Abstecher nach rechts zur eigentlichen Branderalm machen wollen. Die Wegtafel zur Hörndlwand zeigt jedenfalls hier nach links. Wir überqueren am Waldrand entlang eine Bergwiese und wandern dann weiter durch Wald. Nach 20 Minuten verzweigt sich der Weg.

Wir halten uns immer links und steigen ins Kar des Ostertals an. Über steile Serpentinen geht es dann hinauf aufs Gipfelplateau. Dort noch mal rechts und über schrofiges Gelände hinauf zum Gipfelkreuz. Anschließend steigen wir wieder ab zum Verzweigungspunkt und halten uns dort rechts. Ein schmaler und steiler Steig führt uns nun (gut auf die Markierungen achten!) hinab zur schindelgedeckten Hörndlalm. Diese unbewirtschaftete Hütte dient heute als Stützpunkt der Bergwacht. Rechts haltend geht es auf Pfadspuren hinab durch freies Gelände und lichten Wald, bis wir wieder auf unseren Anstiegsweg treffen. Auf diesem hinab ins Tal.

Der Jahreszeiten-Tipp

Diese Route lädt uns deshalb im Frühjahr besonders ein (allerdings nicht im frühen Frühjahr), weil der Anstieg überwiegend südseitig erfolgt und daher früh ausgeapert ist. Lediglich im Ostertal können wir auf Schneefelder treffen. Je nach Bedingungen können wir am Gipfel entscheiden, ob wir auf dem Anstiegsweg wieder absteigen oder doch die Runde voll machen wollen. Früh zeigen sich am Weg bereits die ersten Blumen und geben uns einen ersten Vorgeschmack auf den Sommer. Ein beliebtes Zwischenziel ist natürlich die Branderalm, die aber ist erst gegen Ende des Frühjahrs bewirtschaftet.

Blick von der Hörndlalm hinauf zu den schroffen Spitzen

Abstieg im Nebel vom Gipfel des Geigelsteins

Der Geigelstein ist zwar nicht der höchste Chiemgauer Gipfel, aber von seiner Form und seiner botanischen Vielfalt her nimmt er eine Sonderstellung ein. Er lässt sich von allen Seiten her ohne Schwierigkeit besteigen. Wir bevorzugen in diesem Fall den Anstieg aus dem Priental, denn auf dieser Seite befindet sich auch die Priener Hütte, die für uns den Vorteil hat, dass sie ganzjährig bewirtschaftet ist. Denn falls wir früh im Jahr unterwegs sind, wärmt uns dann auch der Kachelofen. Falls wir mehr an der Fauna interessiert sind: Am Geigelstein kann man auch Murmeltiere, den Auerhahn oder sogar Adler sehen.

 **Anfahrt**

Mit dem Auto: Auf der Salzburger Autobahn (A 8) bis zur Ausfahrt Frasdorf, dann auf der Staatsstraße 2093 über Aschau ins Priental, bis kurz hinter den Ort Innerwald. Wanderparkplatz links hinter der Brücke über die Prien.

Mit Bahn & Bus: Mit der Deutschen Bahn bis Prien; von dort mit der Chiemgau-Bahn bis Aschau, dann weiter mit dem RVO-Bus bis kurz hinter Innerwald. Am Ausgangspunkt befindet sich eine Bushaltestelle.

 Ausgangs-/Endpunkt

Wanderparkplatz zwischen Innerwald und Huben (720 m).

 Tourist-Info

Tourist-Info Aschau
Kampenwandstraße 38
83229 Aschau i. Ch.
Telefon: 0 80 52 / 90 49 37
Internet: www.aschau.de

⊘ KARTE

Topographische Karte 1:50 000
„Chiemsee – Chiemgauer Alpen" (LDBV)

ⓘ Charakter

Vorwiegend leichter Wanderweg im Anstieg, überwiegend Wirtschaftsweg beim Abstieg. Die Überschreitung des Geigelsteins setzt jedoch Trittsicherheit voraus. Schöne, wenngleich auch etwas längere Wanderung.

⛰ Höhenunterschied

1130 Hm im Auf- wie im Abstieg.

🚶 Gehzeiten

Von Huben zum Geigelstein 4 ¼ Std. (zur Priener Hütte 3 Std.), Abstieg zur Priener Hütte 1 Std., Abstieg über den Wirtschaftsweg und die Talalm 2 Std. Variante über die Ackeralm 30 Minuten. Gesamtgehzeit: 7 ½ Std.

Alpenglöckchen kündigen den Frühling an

Das Gipfelkreuz des Geigelsteins: Dichter Nebel verwehrt uns den Blick auf die Chiemgauer Alpen

☾ ✦ ✦ Einkehr & Übernachtung

Priener Hütte (1410 m) AV-Hütte der Kat. I, ganzjährig bewirtschaftet, im Spätherbst und im frühen Frühjahr jeweils einige Wochen geschlossen, 35 Zimmerlager, 50 Matratzenlager; Tel. 0 80 57 / 428.
Ackeralm (1200 m), von Juni bis Mitte September bewirtschaftet. Talalm (1100 m), im Sommer bewirtschaftet.

Die Route

Vom Wanderparkplatz folgen wir zunächst der ausgeschilderten Route entlang des Fahrwegs bergan, treffen dann bei einer Diensthütte auf eine Forststraße, der wir nach links aufwärts folgen. Kurz danach zweigt links der ausge-

Im Bereich der Wirtsalm

schilderte „Fußweg" zum Geigelstein ab, wir treffen nochmals auf eine Forststraße, gehen kurz links und folgen dann rechts dem Steig, der uns durch Wald zu einem weiteren Forstweg leitet. Auf diesem weiter hinauf, dann auf schönem Wanderweg zur Schreckalm. Dort folgen wir dem links abzweigenden Steig, der uns über die Sulzenaualm und die Oberkaseralm auf den Weg führt, der rechts von der Priener Hütte heraufführt. Links weiter zum Sattel zwischen Wandspitz und Roßalpenkopf. Dort halten wir uns rechts und steigen zunächst über freies Gelände, dann durch eine Latschengasse hinauf zum Gipfel des Geigelsteins, den neben dem Gipfelkreuz auch eine kleine Kapelle schmückt. – Wer nicht ganz trittsicher ist, steigt auf dem Anstiegsweg wieder ab und hält sich dann links zur Priener Hütte. Wir wollen jedoch den Gipfel überschreiten, steigen also auf der anderen Seite über schotte-

Im Frühling entwickelt sich der Geigelstein zum Blumenparadies

Am Priener Haus

Die Wirtsalm im Nebel

Zwei echte Wahl-Bayern

rige Serpentinen hinab. Die Abzweigung nach links zur Wirtsalm passieren wir und folgen stattdessen dem schmalen Gratweg, der auf den gegenüberliegenden Breitenstein zuführt. Am tiefsten Punkt des Sattels nehmen wir den rechts abzweigenden steilen Steig, der uns über schrofiges Gelände und eine Bergwiese hinab zur Priener Hütte leitet. Von der Alpenvereinshütte folgen wir dann dem Wirtschaftsweg talwärts (hier können wir etwas unterhalb einen Schlenker zur vielleicht schon bewirtschafteten Ackeralm einlegen). Auf halber Strecke ins Tal nehmen wir den rechten Abzweiger zur Talalm und treffen kurz dahinter wieder auf unseren Anstiegsweg. Auf diesem wandern wir dann gemütlich hinab zu unserem Ausgangspunkt bei Innerwald.

Orientierung im Nebel

🔊 Der Jahreszeiten-Tipp

Der Geigelstein ist der Blumenberg der Chiemgauer Alpen schlechthin, und das ist vor allem seinem geologischen Untergrund zu verdanken. 3000 Hektar ist das Naturschutzgebiet groß, das diese Vielfalt schützen soll. Vor allem im späten Frühjahr und im Frühsommer können wir botanische Kostbarkeiten bewundern, von denen das Edelweiß nur eines unter vielen ist. Der klassische Enzian ist ebenso vertreten wie der Frauenschuh und verschiedene andere Orchideenarten.

Erfrischung mit Tischnachbar in der Priener Hütte

Morgenstund ...

In den Vorbergen nördlich des Wendelsteins haben seit Urgedenken Bauern aus dem Inntal und dem Alpenrand Bergwiesen zu Weidezwecken genutzt. Besonders im hintersten Jenbachtal über Bad Feilnbach drängen sich zahlreiche Almen, von denen einige Wanderern Brotzeiten und Getränke anbieten. Hauptziel unserer Wanderung ist jedoch die Rampoldplatte, die besonders im Frühjahr Freunde der Botanik interessieren dürfte, denn sie kann mit einer großartigen Blumenfülle aufwarten. Die gesamte Runde ist leicht zu bewältigen, füllt einen kompletten Tag aus, wobei wir einige Stunden auf dem aussichtsreichen Vorgipfel zum Faulenzen einplanen sollten. Vielleicht nehmen wir ein Buch zum Lesen mit und eine gute Unterlagen und lassen unseren Gedanken freien Lauf. Im Sommer – wenn das Weide-

vieh dort oben grast – müssen wir allerdings mit einigen neugierigen Beobachtern rechnen.

Anfahrt

Mit dem Auto: Auf der Salzburger Autobahn (A 8) bis zur Ausfahrt Bad Aibling, dann weiter auf der Staatsstraße 2089 nach Bad Feilnbach. In der Ortsmitte links in die Wendelsteinstraße einbiegen und durch das lange Jenbachtal – Teerstraße und Sandstraße – bis zum Ende der öffentlichen Straße; dort befindet sich der letzte Wanderparkplatz. Mautstraße von Anfang Mai bis Ende Oktober.
Mit Bahn & Bus: Umständlich. Mit der Bahn über Holzkirchen nach Bad Aibling, von dort mit dem Bus nach Bad Feilnbach. Weiter zu Fuß durch das Jenbachtal (1 ½ Std. extra).

⊘ KARTE
Topographische Karte 1:50 000
„Mangfallgebirge" (LDBV)

Begeisternde Bedienung in der Wirtsalm

⛺ Ausgangs-/Endpunkt

Wanderparkplatz am Ende des Jenbachtals (840 m).

🧭 Charakter

Leichte Wanderung auf Wirtschaftswegen und Bergpfaden. Auch für Nicht-Schwindelfreie gut geeignet.

⛰ Höhenunterschied

550 Hm im An- wie im Abstieg.

🚶 Gehzeiten

Vom Wanderparkplatz im Jenbachtal zur Schuhbräualm 1 ½ Std., Anstieg über die Lechneralm zur Rampoldplatte 1 ¼ Std., Abstieg über die Rampoldalm und die Schlossalm zur Wirtsalm 2 Std., von dort zum Wanderparkplatz 20 Minuten. Gesamtgehzeit: etwa 5 Std.

☎ Tourist-Info

Kur & Gästeinformation
Bahnhofstraße 5
83075 Bad Feilnbach
Telefon: 0 80 66 / 88 711
Internet: www.bad-feilnbach.de

☪ Einkehr & Übernachtung

Schuhbräualm (1139 m), bewirtschaftet vom 1. Mai bis Ende Oktober, Montag/Dienstag Ruhetag, 19 Betten, Übernachtung jedoch nur nach Voranmeldung; Tel. 0 80 34 / 23 91.
Wirtsalm (890 m), von Anfang Mai bis Ende Oktober bewirtschaftet, mit schöner Terrasse.
Lechneralm (1260 m), von Ende Mai bis Ende September bewirtschaftet.

Blauer Enzian

Blick zurück auf die Hillsteiner Alm

Die Route

Wir starten die Wanderung am hintersten Wanderparkplatz im Jenbachtal und gehen kurz in Richtung Wirtsalm, biegen sogleich jedoch nach links ab und folgen einem Wirtschaftsweg zum Großen Jenbach. Wir überqueren diesen über eine Brücke und treffen auf eine Weggabelung. Hier halten wir uns links (rechts führt ein bald steiler Weg hinauf zur Antretter- bzw. zur Hillsteiner Alm). Der anfangs noch breite Weg macht eine Linksbiegung, führt zunächst durch Wald und endet bei einer Jagdhütte. Dort biegt unser Weg nach rechts ab und führt nun als Pfad weiter bergan. Wir verlassen dann den Wald und wandern über Bergwiesen hinauf zur Walchalm, wo wir auf den von Bad Feilnbach heraufführenden Almfahrweg stoßen. Auf diesem rechts zur Hansenalm (1060 m), dann weiter zur Einsenkung zwischen Farrenpoint und Mitterberg. Bei der Wegkreuzung rechts, im Folgenden wiederum rechts am Mitterberg

vorbei (die Wegabzweigungen, die hier talwärts führen, ignorieren wir). Wir wandern dann oberhalb der Antretteralm, die frische Milch verkauft, weiter und erreichen dann in einem Rechtsbogen die bewirtschafteten Schuhbräualm. Nach der ersten Einkehr steuern wir dann den gegenüberliegenden Wiesenhang an und wandern hinauf zur Rampoldalm, gehen links an dieser vorbei und folgen einem Pfad rechts durch die Wiesen, der leicht ansteigend zu einem Sattel führt. Hier genießen wir zum ersten Mal so richtig die Aussicht, die bis zum Chiemsee und Simssee reicht. Eine Sitzbank lädt auch so schön zum Verweilen ein. Anschließend wandern wir hinab in den Wiesenkessel unterhalb zur Lechneralm. Rechts haltend geht es von dort über einen steilen Pfad hinauf zum Kamm, der die Rampoldplatte mit dem Lechnerkopf verbindet. Wir halten uns erneut rechts und wandern ein Stück hinab zur Rampoldplatte (1422 m) mit ihrem felsigen Gipfelaufsatz und dem gar nicht so kleinen

Gipfelkreuz, wo wir einen gemütlichen Brotzeitplatz mit großartiger Aussicht vorfinden. Wir brechen dann wieder auf und steigen über die Almwiesen hinab in Richtung Rampoldalm und treffen links davon auf einen Almfahrweg. Diesem folgen wir links bis zum Ende und wandern anschließend auf einem Pfad links durch Wiesen und ein Stück Wald hinab zu einer breiten Forststraße. Diese leitet uns in weiten Kehren wieder hinab ins Jenbachtal. Mit einem Schlenker über die Wirtsalm beenden wir unsere ausgedehnte Wanderung.

 Variante

Falls wir die Wanderung etwas abkürzen wollen, können wir auch den Schlenker über die Lechneralm „auslassen" und bei der Rampoldalm den rechts abzweigenden Wanderweg nehmen. Er stößt nach wenigen Minuten auf die vorgeschlagene Route über die Rampoldplatte.

Der Extra-Tipp

Auf der Schuhbräualm finden im Jahreslauf – mit Ausnahme des Winters – einige Veranstaltungen statt: So gibt es z. B. ab Juni jeden ersten Donnerstag im Monat einen Grillabend, im August einen Berglauf, im September eine Bergmesse und im Oktober eine Almkirta.

Blick auf den Wendelstein beim Abstieg von der Rampoldplatte

Der Jahreszeiten-Tipp

Die Wanderung auf die Rampoldplatte ist natürlich zu allen Jahreszeiten schön. Es ist ein Platzerl zum Verweilen, mit großartiger Aussicht auf das Alpenvorland, und es ist nicht zu weit zum Hinaufsteigen. Besonders reizvoll ist es aber im Frühling, denn die Rampoldplatte gilt als ein besonderer Fleck, um sich im Frühjahr an der Blütenpracht zu freuen. Und was als Pluspunkt dazukommt: Die Schuhbräualm ist bereits ab 1. Mai bewirtschaftet. Als Alternative dazu bietet sich die Wirtsalm an, die ebenfalls sehr früh im Jahr geöffnet ist, da das Weidegebiet mit knapp 900 Meter Höhe sehr niedrig liegt. Etwas später macht die Lechneralm auf, deren Bergwiesen als schützenswertes Biotop gilt, mit über 100 verschiedenen Pflanzenarten.

Der Wendelstein, ständiger Begleiter auf dieser Wanderung

Schönheit am Wegesrand: Akelei im kühlen Bergwald

Finger wärmen auf der Baumgartenalm

Die Baumgartenschneid über dem Tegernsee ist jedem Bergwanderer ein Begriff, der leichten Erreichbarkeit wegen, aber auch wegen der schönen Aussicht. Etwas abseits vom Weg, aber jeden Besuch wert, ist das kleine Riedersteinkircherl, das keck auf einem Felsvorsprung liegt. Auf unseren Wegen rund um diesen Gipfel streifen wir durch das ehemalige Jagdrevier von Ludwig Thoma, der sich auf der Tuften ein Haus baute und dort seine letzten Lebensjahre verbrachte. Heute ist dort ein Museum eingerichtet. Unsere Route führt uns dabei über belebte Wegpassagen, die abwechseln mit einsamen Bergpfaden.

✆ Tourist-Info

Tegernseer Tal Tourismus GmbH
Hauptstraße 2
83684 Tegernsee
Telefon: 0 80 22 / 927 38 22
Internet: www.tegernsee.com

Anfahrt

Mit dem Auto: Auf der Salzburger Autobahn (A 8) bis zur Ausfahrt Holzkirchen, dann auf der B 318 nach Gmund und weiter auf der B 307 nach Tegernsee; Parkmöglichkeiten am Bahnhof oder im Ort (gebührenpflichtig).
Mit Bahn & Bus: Mit der Oberlandbahn (BOB) von München nach Tegernsee; vom Bahnhof dann weiter zu Fuß.

Ausgangs- / Endpunkt

Tegernsee-Ort (747 m).

Charakter

Leichte Bergwanderung auf Ortssträßchen, Wirtschaftswegen, Bergwanderwegen und Bergsteigen, die jedoch – vor allem beim Abstieg zum Sagfleckl – an einigen Stellen Trittsicherheit voraussetzen.

Höhenunterschied

700 Hm im Auf- wie im Abstieg.

Gehzeiten

Von Tegernsee zum Berggasthaus Riederstein 1 ½ Std.; vom Berggasthaus Riederstein hinauf zur Baumgartenschneid 1 Std., von dort hinab zum Sagfleckl 20 Minuten, Abstieg nach Tegernsee 1 ¼ Std. Gesamtgehzeit: gute 4 Std.

Einkehr & Übernachtung

Berggasthaus Riederstein (1070 m), privat, ganzjährig bewirtschaftet, Dienstag Ruhetag, 2 Ferienwohnungen, Tel. 0 80 22 / 27 30 22. Zahlreiche Gaststätten im Ort Tegernsee, so z. B. das berühmte **Bräustüberl** beim ehemaligen Schloss.

⊘ KARTE

Topographische Karte 1:50 000
„Mangfallgebirge" (LDBV)

Auf dem Kreuzweg in Richtung Baumgartenschneid

Die Route

Von der Ortsmitte in Tegernsee folgen wir kurz der Bahnhofstraße und biegen bei der zweiten Abzweigung nach links in die Max-Josef-Straße ein, folgen dieser dann bis zum Prinzenweg, queren diesen bei der Schneekapelle und bleiben auf dem Wanderweg, der uns über die Schützenstraße hinweg zum Angerbauer führt. Anschließend nehmen wir links den Wirtschaftsweg, der uns durch Wiesen und Wald (bei den Abzweigungen immer rechts halten) durch den Osthang des Leebergs hinauf zum Berggasthaus Riederstein leitet. Um zum Gipfel zu gelangen, gehen wir rechts an der Wirtschaft vorbei und folgen dem ausgeschilderten und mit Kreuzwegmarterl gesäumten Weg bergwärts. Wir wandern durch Wald und rechts am felsigen Gipfel des Riedersteins vorbei in den Sattel zwischen Riederstein und Baumgartenschneid (hier zweigt links der Zugang zum Kircherl ab). Dort halten wir uns rechts und wandern zunächst weiter durch Wald, dann über den freien Hang hinauf zum Gipfel der Baumgartenschneid. – Der Abstieg: Vom Gipfel links haltend über die freien Hänge hinab zur Baumgartenalm und weiter auf steilem Pfad durch Wald hinab zum sogenannten Sagfleckl (Wegweiser). Bei dieser Wegkreu-

zung links hinab zum Wirtschaftsweg, der uns geradewegs durch das Alpbachtal hinab nach Tegernsee führt.

📢 Der Jahreszeiten-Tipp

Der Aufstieg zur Baumgartenschneid ist natürlich das ganze Jahr über möglich. Wir bevorzugen diesen aussichtsreichen Gipfel über dem Tegernsee besonders im Frühjahr, denn mit knapp über 1400 Meter Höhe ist die Baumgartenschneid schon bald schneefrei, sodass wir schon früh im Jahr den Anstieg unternehmen können. Außerdem liegt eine ganzjährig bewirtschaftete Einkehr am Weg, was uns gerade recht kommt. Und an klaren Frühjahrstagen ist der Blick über das Tegernseer Tal auch unvergleichlich schön.

Blick vom Riedersteinkircherl auf Rottach-Egern

Start in Niggeln zum Staffelberg

Der Staffel in der Jachenau mag ein unscheinbarer Waldberg sein. Für den Wanderer hat er den unschätzbaren Vorteil ein sogenannter Inselberg zu sein. Von seinem Gipfel können wir daher ein großartiges Rundum-Panorama genießen. Und es ist einsam dort oben. Eine Qualität, die zwar nicht jeder schätzt, viele aber doch. Besonders im Frühjahr lässt es sich auf der südseitig gelegenen Staffelalm herrlich Brotzeit machen.

 Anfahrt

Mit dem Auto: Auf der Garmischer Autobahn (A 95) bis zur Ausfahrt Penzberg oder Sindelsdorf, dann über Heilbrunn, Bad Tölz und Lenggries in die Jachenau. Dorthin auch über die Salzburger Autobahn (A 8) bis Ausfahrt Holzkirchen, dann über Bad Tölz und Lenggries in die Jachenau. Beim Ortsteil Bäcker halten wir uns links, überqueren die Jachenaubrücke und parken dann vor dem großen Bauernhof.
Mit Bahn & Bus: Mit der Bayerischen Oberlandbahn (BOB) bis Lenggries, von dort weiter mit dem RVO-Bus in die Jachenau, bis zur Haltestelle Niggeln / Bäcker.

 Ausgangs- / Endpunkt

Niggeln (742 m).

 **Charakter**

Leichte Wanderung auf Wirtschaftswegen und Bergsteigen. Etwas Orientierungssinn erforderlich. Nicht nach einer Nässeperiode begehen, dann sind die Steige „rutschig".

 Höhenunterschied

Im Auf- wie im Abstieg 810 Hm.

 Gehzeiten

Von Niggeln auf den Staffel 3 Std., Abstieg nach Niggeln bzw. nach Jachenau 2 Std. Gesamtgehzeit: 5 Std.

 Einkehr & Übernachtung

Für die Wanderung müssen wir die Brotzeit in den Rucksack packen. Nach der Tour werden wir es nicht verpassen, in einer der Bauernwirtschaften in Jachenau einzukehren (**Gasthof zur Post** und **Gasthof zur Jachenau**). Im Ortsteil Bäcker (gegenüber Niggeln) gibt es das **Café Staffel** mit Sonnenterrasse.

Die Route

Bei der Straßengabelung im Ortsteil halten wir uns links und gehen bis zum Ende der Ortsstraße am Waldrand. Dort halten wir uns rechts,

☎ Tourist-Info

Gästeinformation Jachenau
Dorf 51 ½
83676 Jachenau
Telefon: 0 80 43 / / 91 98 91
Internet: www.jachenau.de

⊘ KARTE
Topographische Karte 1:50 000
„Bad Tölz – Lenggries und Umgebung" (LDBV)

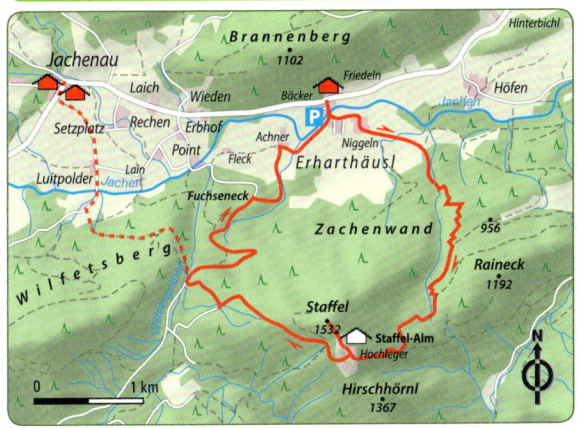

*Blick vom Gipfel des Staffelbergs hinüber
zur Benediktenwand*

◀◖: Der Jahreszeiten-Tipp

die Straße geht über in einen Wanderweg (Mark.-Nr. 492), der uns zuerst nur leicht, dann stärker ansteigend durch Wald in den Raitgraben leitet. Wir überqueren den Bach und steigen auf der anderen Seite über steile Serpentinen hinauf zu einer quer führenden Forststraße. Auf dieser rechts weiter bis zum Ende, dann hinauf zum Staffelalm-Hochleger. Bei den Almhütten rechts und über eine Waldschneise hinauf zum höchsten Punkt des Staffels (1532 m), wo uns neben dem großen, schlichten Holzkreuz auch ein paar Sitzbänke erwarten.

Der Abstieg: Wieder zurück zur Hochalm; dort rechts und auf dem „Steinplattlweg" (Mark.-Nr. 492) durch Wald zuerst leicht fallend, dann etwas steiler hinab in den Wilfetsgraben. Dort stoßen wir auf eine Forststraße, der wir nach rechts folgen. Wir kürzen eine lange Kehre ab und halten uns im Laufe des Weges immer rechts und gelangen so zurück an unseren Ausgangspunkt.

Variante

Für den Abstieg vom Staffel können wir ab dem Wilfetsgraben den direkten Weg nach Jachenau nehmen.

Nun, es gibt zwei Meinungen zum Staffel: Die einen behaupten, man müsste diesen stillen Vorgebirgsberg im Herbst besuchen, wir sind jedoch der Meinung, dass es eine ausgesprochene Frühjahrstour ist. Mit etwas Glück haben wir jedoch im Frühjahr wie im Herbst eine herrliche Aussicht auf die umliegenden Berge: im Süden die erst langsam ansteigenden Ausläufer des Karwendels, im Norden (links) der Jochberg und die Benediktenwandgruppe und (rechts) das Brauneck. Besonders reizvoll im Frühjahr ist das frische Grün am Berg, die großartige Blütenpracht auf der Staffelalm wie auch in der Jachenau. Und da die Staffelalm nicht bewirtschaftet ist, müssen wir darauf auch keine Rücksicht nehmen. Wir haben unsere Brotzeit eh im Rucksack dabei.

Blick hinunter auf die Höfe der Jachenau

Im Aufstieg von der Tölzer Hütte zum Gipfel des Schafreiters

Der Schafreiter ist ein Tourenklassiker. Seiner leichten Erreichbarkeit und seines Panoramas wegen. Nicht nur die gewaltigen Gipfel des Karwendel-Hauptkamms, sondern auch die Zentralalpen – mit dem Großglockner – haben wir dort oben im Blick. Seinen Namen macht er während der Weidesaison zwar nur mehr bedingt Ehre, aber früher haben wohl zahlreiche Schafe am Berg ihr Futter suchen müssen. Am Gipfelfuß, an aussichtsreicher Position, steht die Tölzer Hütte, die uns mit original Tiroler Schmankerl verwöhnt. Als Aufstiegsroute wählen wir den alten Reitsteig hinauf zur Moosenalm, der ist landschaftlich am reizvollsten, aber etwas länger als die üblichen Aufstiege vom Leckbach bzw. von der Oswaldhütte.

Anfahrt

Mit dem Auto: Auf der Salzburger Autobahn (A 8) bis zur Ausfahrt Holzkirchen, dann weiter über Bad Tölz, Lenggries, Sylvenstein nach Vorderriß; dort links weiter in Richtung Hinterriß, bis nach etwa 2 ½ Kilometer auf der rechten Seite ein Wanderparkplatz auftaucht.

Mit Bahn & Bus: Mit der Bayerischen Oberlandbahn (BOB) bis zum Endbahnhof Lenggries, dann weiter mit dem RVO-Bergsteigerbus zur Haltestelle Oswaldhütte (den Fahrer fragen, ob er am Ausgangspunkt des Reitsteig hält).

Ausgangs-/Endpunkt

Wanderparkplatz (810 m) im Rißtal, 2 ½ Kilometer hinter Vorderriß.

⊘ KARTE
Topographische Karte 1:50 000
„Karwendelgebirge" (LDBV)

🚶 Anforderung

Überwiegend steile, aber gut markierte Wanderwege und Bergsteige. – Der Anstieg auf den Schafreiter erfordert Trittsicherheit und Schwindelfreiheit, ist aber für den geübten Bergwanderer machbar. Der Reitsteig führt durch eine Schlucht, kann also im Frühjahr noch Altschneereste aufweisen.

⛰ Höhenunterschied

1300 Hm im Auf- wie im Abstieg.

🚶 Gehzeiten

Vom Wanderparkplatz im Rißtal über die Moosenalm zur Tölzer Hütte 4 Std., Gipfelanstieg zum Schafreiter 1 Std., Abstieg ins Rißtal über die Moosenalm 3 Std. Gesamtgehzeit: 7 Std.

☎ Tourist-Info

Tourist-Information
Mittenwalder Straße 8
82499 Wallgau
Telefon: 0 88 25 / 92 50 50
Internet: www.wallgau.de

🏔 Einkehr & Übernachtung

Tölzer Hütte (1825 m), AV-Hütte der Kat. I, bewirtschaftet von Mitte Mai bis Mitte Oktober, 27 Betten, 38 Lager; Tel. 00 43 / 664 / 180 17 90. Gasthäuser in Vorderriß und in Fall.

Abendlicht im Frühlingswald

🪧 Die Route

Vom Wanderparkplatz folgen wir zunächst noch der Straße weiter talein, bis nach 500 Metern, auf der linken Seite, der Reitsteig beginnt (Wegtafel „Reitsteig"). Unsere Route verläuft zu Beginn auf einem Wirtschaftsweg, quert bald einen Bach. Der Weg verengt sich. Bei der folgenden Wegverzweigung halten wir uns links und folgen den roten Farbmarkierungen. In Serpentinen durch Wald empor,

Rast an der Moosenalm mit Blick auf den Schafreiter

 ## Der Hüttengipfel

Nach einer Nächtigung auf der gemütlichen Hütte nehmen wir uns den Gipfel des Schafreiters vor. Gleich hinter der Alpenvereinshütte führt uns ein guter Bergsteig zunächst in Serpentinen über seinen südlichen Gratrücken über freies Gelände, dann durch Latschen zu den Gipfelfelsen. Kurz davor passieren wir auffällige Steinmanndln, die der Sage nach Versteinerungen wilder Gesellen waren, die sich der Christianisierung widersetzen wollten und durch Blitzschlag getötet wurden. Über eine gesicherte Schrofenrinne (Drahtseile) erreichen wir den höchsten Punkt, den ein neues Gipfelkreuz aus Eichenholz schmückt. Vom Gipfel wandern wir dann über Grashänge am Nordwestgrat entlang, dann steigen wir durch Latschengassen zum Kälbereck ab. Kurz unterhalb treffen wir wieder auf unseren Anstiegsweg, den wir auch für die Rückkehr ins Rißtal begehen wollen.

dann biegt der Weg nach rechts ab und mittels einer Holzbrücke überwinden wir den Stuhlbachgraben. Jenseits weiter in steilen Serpentinen bergan. Der Steig wird dann etwas flacher und leitet uns zwischen dem Moosenkopf und dem Grünlahnereck hinauf zu den Wiesen des Wiesbauern-Hochlegers (das Almgebäude liegt allerdings etwas links davon). Dort halten wir uns rechts und wandern weiter zu den Moosenalmen. Nachdem beim Anstieg nur vereinzelte Lichtungen einen freien Blick ermöglicht haben, genießen wir hier oben umso mehr den Ausblick nach allen Seiten. Wir wenden uns bei den Almhütten nach rechts in Richtung Kälbereck und halten uns bei der Weggabelung (Wegweiser) kurz davor erneut rechts (Mark.-Nr. 237 und S 1). Den Gipfelaufstieg sparen wir uns für später auf und wandern erst mal zur Tölzer Hütte. Seitlich am Gipfelaufbau vorbei und leicht ansteigend zunächst durch Latschenhänge, dann über freies Gelände hinauf zur Tölzer Hütte.

Bergwald auf dem Reitsteig

Die bekannten Steinfiguren in der Nähe des Gipfels

◄: Der Extra-Tipp

Der Schafreiter liegt im „Alpenpark Karwendel". Er umfasst – zusammen mit dem Bayerischen Teil – eine Gesamtfläche von etwa 920 km². Es ist damit das größte zusammenhängende Schutzgebiet der Nördlichen Kalkalpen. In Hinterriß befindet sich dazu ein Besucherzentrum (Hinterriß 4). Öffnungszeiten: täglich von 11–18 Uhr; Tel. 00 43/52 45/28 914. Internet: www.karwendel.org

◄: Der Jahreszeiten-Tipp

Wir haben diese Tour in das Frühjahr gelegt: Erstens, weil die Tölzer Hütte bereits Mitte Mai geöffnet hat, der Gipfel viele freie Hänge aufweist und somit Frühjahrsblumen eine gute Chance haben, drittens im Frühjahr gute Chancen für klare Panoramablicke bestehen, bevor die Sommerhitze einsetzt, und viertens, weil dort oben die Sonnwende gefeiert wird, also das Frühjahr verabschiedet und der Sommer willkommen geheißen wird.

Verdiente Brotzeit in der Tölzer Hütte

Die Hüttenterrasse ist gut gefüllt

Blick vom Gschwandtnerbauer hinüber zu den noch zum Teil schneebedeckten Bergen des Wettersteins

An den südlichen Hängen des Wank hält der Frühling schon früh Einzug. Die angesteuerten Ausflugsziele – Gamshütte und auch Gschwandtnerbauer – sind nahezu ganzjährig bewirtschaftet. Also nichts wie los!

Anfahrt

Mit dem Auto: Auf der Garmischer Autobahn (A 95) bis zu deren Ende, dann auf der B 2 nach Garmisch-Partenkirchen und weiter auf dieser in Richtung Mittenwald, bis links die Straße zur Talstation der Wankbahn (Wegweiser) abzweigt. Dort hinauf zum großen Wanderparkplatz (740 m).

Mit Bahn & Bus: Mit der Deutschen Bahn von München nach Garmisch-Partenkirchen; von dort zu Fuß weiter in den Ortsteil Partenkirchen und der Ausschilderung zur Wallfahrtskirche St. Anton folgen (½ Std.). Oder vom Bahnhof mit dem Bus (Linie 3, 4 oder 5) bis zur Haltestelle Dr.-Grazert-Straße. Wir beginnen unsere Hauptwanderung in diesem Fall bei der Wallfahrtskirche und nicht an der Talstation der Wankbahn.

Ausgangs-/Endpunkt

Wanderparkplatz an der Talstation der Wankbahn (740 m).

Charakter

Leichte Wanderung auf Wanderwegen und Bergpfaden mit einigen steilen Abschnitten. Der Rückweg verläuft dann überwiegend auf Wirtschaftswegen und Ortsverbindungssträßchen. Gutes Schuhwerk ist auf alle Fälle wichtig.

Höhenunterschied

350 Hm im Aufstieg und 300 Hm im Abstieg.

Gehzeiten

Vom Wanderparkplatz an der Wankbahn-Talstation bis zur Gamshütte 1 Std. Weiterweg zum Gschwandtnerbauern 1 ½ Std., Rückweg über Schlattan zum Ausgangspunkt 2 Std. Gesamtgehzeit: 4 ½ Std.

Einkehr & Übernachtung

Gamshütte (940 m), privat, ganzjährig bewirtschaftet, (im August 2015 abgebrannt, Neubau in Planung).
Gschwandtnerbauer (1020 m), ganzjährig bewirtschaftet, Montag Ruhetag.
Pfeifferalm in Schlattan, ganzjährig bewirtschaftet, Dienstag Ruhetag, Gästezimmer, Tel. 0 88 21 / 27 20.

Tourist-Info

Tourist-Information Garmisch-Partenkirchen
Richard-Strauß-Platz 2
82467 Garmisch-Partenkirchen
Telefon: 0 88 21 / 18 07 00
Internet: www.garmisch-partenkirchen.de

⊘ KARTE
Topographische Karte 1:50 000
„Werdenfelser Land" (LDBV)

Rundum-Ausblicke beim Gschwandtnerbauern

🪧 Die Route

Vom Wanderparkplatz an der Wankbahn folgen wir kurz der Zufahrtsstraße talwärts und biegen dann links in den „Philosophenweg" ein. Auf diesem bis zur Wallfahrtskirche St. Anton (das Deckenfresko gilt als eines der schönsten in ganz Bayern). Wenige Meter oberhalb der Kirche beginnt der schöne Wanderweg zur Gamshütte (mit zahlreichen Bänken für eine kurze Rast). Auf der Hüttenterrasse gönnen wir uns eine erste Pause. Hinter der Hütte folgen wir dann dem Schotterweg, gehen das weite Tal des Faukenbachs in einem Rechtsbogen aus und biegen nach 20 Minuten links in den Wanderweg (Mark. W 2) in Richtung Gschwandtnerbauer ein. Wir wandern nun leicht ansteigend durch Wald, überqueren dabei den Steinbichel, wobei wir einige Drehkreuze passieren, und biegen dann rechts ab zum Gschwandtnerbauer. – Von dort folgen wir dann dem unbefestigten Wirtschaftsweg hinab nach Höfle, halten uns dort rechts und gehen weiter nach Schlattan. Wir bleiben auf der Höhe und wandern auf dem Adamweg durch Wiesen und Wald Richtung Partenkirchen. Bei einem quer führenden Weg rechts und über die Haseltalstraße, die Sachsstraße und dem Brunnhäuslweg weiter nach St. Anton und auf dem Philosophenweg zurück zum Ausgangspunkt.

🔊 Der Jahreszeiten-Tipp

Auf der Südseite des Wank wollen wir den Frühling einläuten. Auf den Terrassen der Gamshütte und des Gschwandtnerbauer genießen wir die warme Sonne, den Blick auf das Wettersteingebirge, das sich von dort oben in seiner ganzen Pracht zeigt, bedeckt noch von Schnee. Eine herrliche Kulisse für einen gelungenen Wandertag.

Nelken kurz vor dem Aufblühen

Das Wettersteingebirge über den Buckelwiesen

Die buckligen Bauernwiesen im Dreieck Mittenwald, Krün und Klais sind eine mittlerweile seltene Landschaftsform, die in der letzten Eiszeit durch den Isargletscher entstand und von Menschen zur heutigen Kulturlandschaft geformt wurde. Die charakteristischen Buckel bildeten sich unter Fichtenbeständen, da diese die Erosion des Kalkgesteins verminderten. Heute sind diese Buckelwiesen geschützt und die Bauern werden mit EU-Fördermitteln dazu angehalten, traditionell zu wirtschaften und ein Zuwachsen zu verhindern. Für uns Wanderer bedeutet das, dass wir auf unseren Streifzügen durch diese Landschaft über 200 Pflanzenarten beobachten können.

Anfahrt

Mit dem Auto: Auf der Garmischer Autobahn (A 95) bis zu deren Ende, dann auf der B 2 nach Garmisch-Partenkirchen und weiter in Richtung Mittenwald; knapp 2 Kilometer nach Klais rechts Abfahrt von der B 2, unter dieser links hindurch und auf schmalem Sträßchen zum Wanderparkplatz beim Gasthof Barmsee (892 m).

Mit Bahn & Bus: Mit der Deutschen Bahn von München über Weilheim nach Garmisch-Partenkirchen und weiter in Richtung Mittenwald bis zum Haltepunkt Klais. Von dort weiter mit dem RVO-Bus bis zur Haltestelle Barmsee.

Ausgangs-/Endpunkt

Wanderparkplatz beim Gasthof Barmsee (892 m).

Charakter

Leichte Wanderung auf breiten Wander- bzw. Wirtschaftswegen, ein Abschnitt auf Wiesenpfaden.

Höhenunterschied

Auf der gesamten Runde nur wenige Höhenmeter, also zu vernachlässigen.

Gehzeiten

Vom Wanderparkplatz bis zum Wendepunkt der Tour beim Hotel Tonihof 1 ½ Std., für den Rückweg 1 ½ Std.; Abstecher zum Grubsee ½ Std. Gesamtgehzeit: 3 ½ Std.

Einkehr & Übernachtung

Unterwegs nur Verpflegung aus dem Rucksack. Am Ausgangspunkt: **Gasthof-Hotel Barmsee** (892 m), ganzjährig bewirtschaftet, Terrasse. **Kiosk Grubsee** (910 m), während des Badebetriebs im Sommer bewirtschaftet.

☎ Tourist-Info

**Tourist-Information
Dammkarstraße 3
82481 Mittenwald
Telefon: 0 88 23 / 339 81
Internet: www.mittenwald.de**

⊘ KARTE

Topographische Karte 1:50 000
„Werdenfelser Land – Ammergauer Alpen" (LDBV)

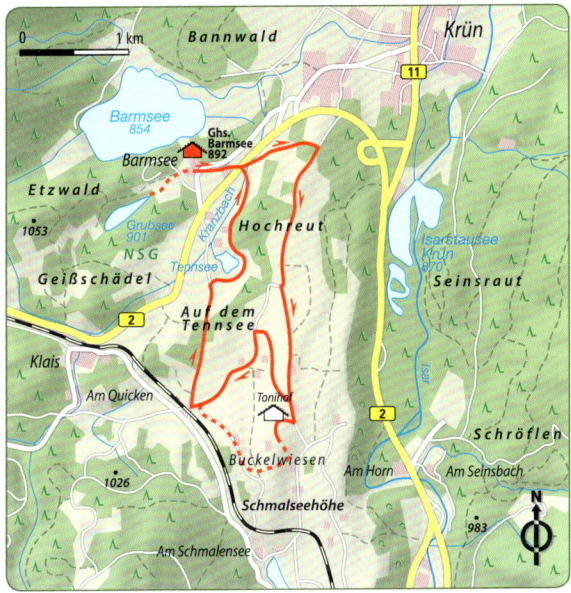

🚶 Die Route

Vom Parkplatz beim Gasthaus Barmsee folgen wir rechts dem Sträßchen, das Richtung B 2 führt; nach den letzten Häusern unterqueren wir diese dann und folgen sofort links – nach dem Bach – einem Feldweg. Zunächst am Bach entlang, dann in einem leichten Rechtsbogen, über einen quer führenden Weg hinweg erreichen wir nach einem Wäldchen und der Kapelle Maria Rast ein gesperrtes Teersträßchen. Dort halten wir uns rechts und folgen dem Isartaler Wanderweg (Mark.-Nr. 400) nach Süden. Wir gehen immer geradeaus durch weitläufige Wiesen – links und rechts sehen wir einige Bauernhöfe und Heustadeln. Nach einer knappen Dreiviertelstunde ab der Kapelle und zwei schönen Bauernhöfen direkt an der Straße treffen wir auf den Zufahrtsweg zum Tonihof, der leicht erhöht liegt. Dort hinauf und vor bis zur Kapelle mit schöner Aussicht auf die Buckelwiesen. Anschließend zurück bis zum letzten Bauernhof und links der Ausschilderung nach Klais

folgen. Auf einem Feldweg weiter bis zu einem quer führenden Sträßchen; diesem nach links folgen, bis kurz vor die Bahnlinie nach Mittenwald. Dort halten wir uns rechts und gehen immer geradeaus, passieren den Tennsee (rechts von uns), unterqueren die B 2 und erreichen so wieder unseren Ausgangspunkt.

🦗 Variante

Falls die Wiesen bereits gemäht sind, können wir von der Kapelle beim Tonihof den Hang hinabwandern und in einem Rechtsbogen auf das Sträßchen zuhalten, das parallel zur Bahnlinie verläuft. Dort rechts weiter.

🔦 Der Extra-Tipp

Nach unserer Wanderung – vor allem wenn wir sie im späteren Frühjahr unternommen haben – sollten wir dem reizvollen Grubsee, der in Wald eingebettet liegt, einen Besuch abstatten. Es gibt dort eine kleine Badeanstalt mit Kiosk.

🔦 Der Jahreszeiten-Tipp

Die Buckelwiesen sind natürlich besonders im Frühjahr reizvoll, wenn auf den Wiesen die Blumen blühen und im Hintergrund die Karwendelberge noch mit weißen Schneefeldern einen winterlichen Kontrast bieten. Oder wenn im Frühjahr das erste Gras geschnitten wird und wir mit Genuss den unverwechselbaren Duft einatmen können.

Verstreut liegen die Höfe auf den Buckelwiesen

Zu den Schleier-Wasserfällen
Naturschauspiel am Alpenrand

Wasser fließt über unzählige Moosterrassen

Die Ammer, die in den gleichnamigen Bergen mit zahlreichen Zuflüssen entspringt, überrascht uns, kurz nachdem sie die Berge verlassen hat und ihren gewundenen Lauf ins Voralpenland antritt, mit einem Naturschauspiel, den Schleier-Wasserfällen. Sie sind schon seit Langem unter Naturschutz gestellt. Ihren Namen haben diese Wasserfälle deshalb erhalten, weil das Wasser, das von einem Quellbach gespeist wird, wie ein Schleier über die moosbewachsenen Felsen fällt und in die Ammer fließt. Dieses Naturdenkmal gilt wegen seiner beruhigenden Wirkung auch als mythischer Ort.

 ## Anfahrt

Mit dem Auto: Auf der Garmischer Autobahn (A 95) bis zur Ausfahrt Murnau / Kochel, dort weiter auf der Staatsstraße 2062 über Murnau und Bad Kohlgrub nach Saulgrub; links haltend weiter in Richtung Unterammergau (B 23); kurz vor der Bahnlinie biegen wir rechts in die Achelestraße ein und folgen diesem schmalen Sträßchen 4 Kilometer lang bis zu dessen Ende. Dort befindet sich ein Wanderparkplatz mit Infotafeln.

Mit Bahn & Bus: Mit der Bahn von München über Weilheim, Murnau und Bad Kohlgrub in Richtung Oberammergau, bis zum Haltepunkt Saulgrub. Von dort weiter zu Fuß (1 Std. mehr als mit dem Auto; der Bahnhof befindet sich nicht weit vom Beginn der Achelestraße).

 ## Ausgangs- / Endpunkt

Wanderparkplatz an der Ammerbrücke (820 m) oder Bhf. Saulgau.

 ## Charakter

Leichte Wanderung durch Wald und Wiesen, aber zahlreiche Abschnitte mit Wurzelverwachsungen auf der Ammerleite. Dafür ist gutes Schuhwerk unbedingt erforderlich. Der Rückweg erfolgt überwiegend auf Wirtschaftsweg.

 ## Höhenunterschied

100 Hm auf dem Hin- wie auf dem Rückweg.

 ## Gehzeiten

Vom Wanderparkplatz zu den Schleierfällen 1 Std., Rückweg 1 ½ Std. Gesamtgehzeit: 2 ½ Std.

 ## Einkehr & Übernachtung

Unterwegs keine, Verpflegung aus dem Rucksack. Für die Einkehr danach: **Gasthof zur Post** in Saulgau oder mehrere Gaststätten in Bad Kohlgrub.

☎ Tourist-Info

**Kur- und Tourist-Information
im Haus des Gastes
82433 Bad Kohlgrub
Telefon: 0 88 45 / 742 20
Internet: www.bad-kohlgrub.de**

⊘ KARTE

Topographische Karte 1:50 000 „Pfaffenwinkel – Ammergauer Alpen (nördl. Teil)" (LDBV)

Die Route

Am Wanderparkplatz am Ende der Fahrstraße erwartet uns zunächst eine Informationstafel über das Naturschutzgebiet „Ammerleite". Nach eingehendem Studium machen wir uns dann auf, überqueren die kleine Brücke über die Ammer und gehen links auf einem Fahrweg am E-Werk vorbei. Ein Wanderwegweiser zeigt uns bald den richtigen Weg zu unserem Ziel („Schleierfälle"). Wir halten uns rechts und gehen steil hinauf zum Kanal, queren erneut eine Brücke und wandern in den Wald hinein. Ein Steg bringt uns über einen Zufluss der Ammer, anschließend wandern wir hinauf zur Ammerleite. Bei der Wegverzweigung rechts und im Auf und Ab durch Wald zu einer Waldlichtung. Dort rechts hinab zu einem Wegweiser und weiter steil hinab ans Ufer der Ammer, wo wir an den steilen Felsen die Wasserfälle beobachten können. – Wir folgen ein Stück dem Bachlauf und steigen dann links hoch in Richtung Hargenwies. Wir biegen jedoch bald nach links ab und folgen der Wegmarkierung „W 7" durch Wald und Wiesen zu einem Wirtschaftsweg. Dieser leitet uns nach Peustelsau. Links an den Häusern vorbei und weiter der Markierung folgend zu einem quer führenden Wirtschaftsweg. Auf diesem links weiter und zurück zum Ausgangspunkt.

Der Jahreszeiten-Tipp

Natürlich besuchen wir die Schleier-Wasserfälle am besten im Frühjahr, denn da ist genügend Wasser vorhanden, um die Wasserfälle so richtig zur Geltung bringen zu können, außerdem ist der Zugang schon sehr früh im Jahr möglich, da sie sich außerhalb der Vorberge befinden, ja schon zum Voralpenland zu rechnen sind. Doch auch wer im Winter kommt, erlebt seine Überraschungen, denn an den steil abfallenden Felsen bilden sich dann bizarre Eisgebilde.

Die Ammer auf ihrem Weg nach Norden

Zartes Grün in dichten Wäldern

In der Starzlachklamm

 Anfahrt

Mit dem Auto: Auf der Füssener Autobahn (A 7) nach Kempten und bei der Abfahrt Oberallgäu / Oberstdorf weiter auf der B 19 nach Sonthofen; bei der Nordabfahrt verlassen wir diese und fahren weiter in Richtung Hindelang (B 308); bei der dritten Ampel links ab und immer geradeaus zum etwas außerhalb gelegenen Ortsteil Winkel; am Ende der Bebauung großer Wanderparkplatz (gebührenpflichtig).

Mit Bahn & Bus: Mit der Deutschen Bahn bis Sonthofen, dann weiter mit dem RVA-Bus in den östlich gelegenen Ortsteil Winkel.

Ausgangs- / Endpunkt

Wanderparkplatz im Ortsteil Winkel (790 m).

Charakter

Der Steig durch die Klamm ist mit Geländern, Brücken und Sicherungsseilen gangbar gemacht. Trittsicherheit ist aber erforderlich. Bis zum Eingang der Klamm (Klammwirt) bewegen wir uns jedoch auf breiten Wegen. Der Schlussaufstieg zum Wendepunkt der Tour beim Berggasthof Alpenblick ist steil. Zurück geht es dann auf Wirtschaftswegen.

Tourist-Info

Tourist-Info Sonthofen
Rathausplatz 1
87527 Sonthofen
Telefon: 0 83 21 / 61 52 91
Internet: www.sonthofen.de

KARTE
Topographische Karte 1:50 000
„Allgäuer Alpen" (LDBV)

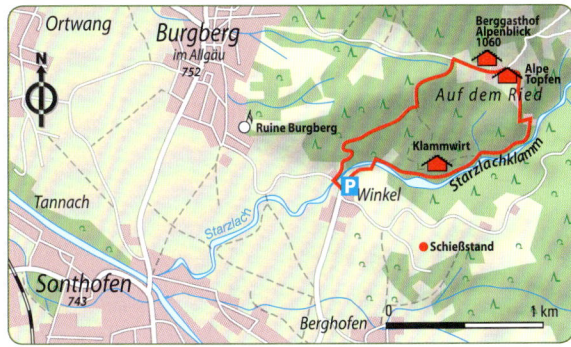

Stege durch die schmale Klamm

Höhenunterschied
200 Hm im Aufstieg.

Gehzeiten
Anmarschweg zum Klammeingang ½ Std., für den Klamm selbst benötigen wir eine weitere ½ Stunde, Anstieg zur Alpe Topfen bzw. zum Berggasthof Alpenblick eine weitere ½ Stunde; Rückweg über die Nothalde zum Ausgangspunkt 1 Std. Gesamtgehzeit: 2 ½ Std.

Einkehr & Übernachtung
Der Klammwirt (790 m) am Schluchteingang ist von Anfang Mai bis Ende Oktober bewirtschaftet. Die **Alpe Topfen** (960 m) ist vom späteren Frühjahr bis Oktober bewirtschaftet.
Im **Berggasthof Alpenblick** (1060 m) können wir ganzjährig einkehren, Betriebsruhe von etwa Mitte November bis Mitte Dezember, Montag ist Ruhetag; Tel. 0 83 21 / 33 54.

Die Alpe Topfen, gemütlich und freundlich

Die Route
Die Starzlachklamm, am Fuß des Grünten gelegen, ist das Ergebnis der letzten Eiszeit. Diese enge, wildromantische Felsschlucht mit ihren Wasserfällen und Strudeltöpfen begeistert Jung und Alt gleichermaßen. Gespeist wird diese Klamm von einem Bach, der auf einer Höhe von 1070 Metern zwischen Grünten und

Wertacher Horn entspringt; die Starzlach wird dann von einigen Zuflüssen gespeist, bis sie die eigentliche Klamm erreicht. Die geballte Ladung Wasser trifft dann auf ein enges Felsental und zwängt sich durch Felsspalten, stürzt über Felsabbrüche hinab, bildet Gumpen und formt Strudellöcher. Anschließend fließt sie, ohne weiteres großes Aufsehen zu erregen, bei Sonthofen in die Ostrach. Die Starzlachklamm ist seit dem Jahre 1932 für Besucher erschlossen, nachdem ein aufregend angelegter Steig mit Brücken, Stegen und sichernden Geländern gebaut worden war. Die Klamm gehört mittlerweile zu den Attraktionen für Wanderer im Allgäu. Die Starzlachklamm ist auch als Fundort seltener Schiefervorkommen, von Erzkalken und von Versteinerungen bekannt. Die sogenannten Nummuliten sind eine versteinerte Krabbenart aus dem Tertiär. Das damals über diesem Gebiet befindliche warme Meer sorgte für diese felsigen Ablagerungen, die wir nach über 30 Millionen Jahren heute bewundern können.

Aber was wäre eine Wanderung ohne Einkehr? Gleich drei schöne Plätze erwarten uns: da ist gleich zu Beginn der Klammwirt, am Ende der Schluchtwanderung gibt es dann sogar zwei zur Auswahl, die Alpe Topfen und das Berggasthaus Alpenblick.

Allgäuer „Locals"

Die Kletterfelsen am Ende der Klamm

Die Klammwanderung

Wir starten am oberen Ende des Wanderparkplatzes, überqueren links haltend die kleine Brücke und folgen dem Wirtschaftsweg nach rechts. Bald zweigt auch schon rechts der Zugangsweg zur Klamm ab. Ein Wanderweg führt uns durch Wald hinab zur Starzlach. Nun wandern wir auf dem schönen Wanderweg den Bach entlang, bis wir nach einer halben Stunde Gehzeit den Klammeingang erreichen. Dort erwartet uns ein großartiger Wasserfall. Über ein Brückerl erreichen wir die Klammhütte. Beim Klammwirt bezahlen wir auch den Eintritt, und falls wir genügend Zeit haben, kehren wir auf eine kurze Unterbrechung ein. Wir passieren dann das Gatter und sind sogleich mittendrin in der Klamm. Der Auftakt ist sehr eng, aber gut gesichert. Der mit Stegen, Geländern und Brücken gesicherte Klammsteig führt uns nun vorbei an rauschenden Kaskaden,

Am Ende der Klamm öffnet sich der Blick auf den Allgäuer Hauptkamm

Gumpen und herabstürzendem Wasser. Durch dunklen Wald geht es immer höher. Ein enger Felsspalt versperrt uns den Weg, kurz vor dem Ende der Klamm. Dahinter treffen wir auf eine Weggabelung. Wir halten uns links und folgen den gut gesicherten Serpentinen steil hinauf zum oberen Rand der tief eingeschnittenen Schlucht. Auf halber Strecke gibt es einen schönen Rastplatz unter einem Felsüberhang. Bald haben wir freieres Gelände erreicht. Rechts unten liegt die Alpe Topfen, zu der wir einen kleinen Schlenker machen können, falls wir lieber in einer urigen Alm als in einer vielleicht quirligen Ausflugsgaststätte einkehren wollen. Wir erreichen dann den Berggasthof Alpenblick mit freier Sicht auf die Allgäuer Bergewelt. Da wir vermutlich nicht auf der Anstiegsroute zum Ausgangspunkt zurückkehren wollen, folgen wir ein kurzes Stück der Straße nach Burgberg. Knapp unterhalb des großen Parkplatzes zweigt links ein ausgeschilderter Pfad ab, dem wir nun folgen. Zuerst geht es durch Wald hinauf zu einer Anhöhe, dann wandern wir auf der anderen Seite auf einem breiten und markierten Wanderweg hinab. Rechts haltend stoßen wir bald auf einen Wirtschaftsweg, der uns über einige Kehren hinab direkt zum Ausgangspunkt leitet.

Der Jahreszeiten-Tipp

Der Frühling bietet sich für diese Tour besonders deshalb an, da mit der Schneeschmelze das Wasser besonders heftig durch die Klamm rauscht. Die Starzlachklamm ist jedoch erst von Anfang Mai an zugänglich und bis Ende Oktober betreut. Für die Durchwanderung wird eine Gebühr verlangt (beim Klammwirt zu bezahlen), der finanzielle Aufwand hält sich jedoch in Grenzen.

Und vielleicht haben wir ja Glück und die Alpe Topfen ist bereits bewirtschaftet, dort gibt es dann frische Milch und eine Brotzeit.

Sommer

In der Schellenberger Eishöhle

Der Untersberg gilt als mythen- und sagenumwobener Berg. Diesen Ruf hat er sich weitgehend dadurch erworben, dass in seinem Inneren über 400 Höhlen gefunden wurden. Dies ist der Tatsache zuzuschreiben, dass der Berg aus Kalkstein besteht und aufgrund seines Plateaucharakters stark verkarstet. So wurde er in der Vergangenheit auch als Wunderberg bezeichnet, da sich dort oben einige Merkwürdigkeiten ereignet haben sollen, die sich in den Volkssagen überliefert haben. Karl der Große, aber auch Kaiser Friedrich Barbarossa sollen dort auf ihre Wiederauferstehung warten, um nur die bedeutendsten zu nennen. Wir heutigen Menschen sind da etwas profaner und nehmen lieber das an, was wir sehen und greifen kön-

nen. Das ist auch der Grund, warum wir bei dieser Tour auf den Untersberg steigen wollen. Die größte Höhle – die Kolowratshöhle – ist leider nicht zugänglich, dafür Deutschlands größte, vielleicht auch einzige in ihrer Art: die Schellenberger Eishöhle; sie ist auf alle Fälle einen Besuch wert. Stützpunkt auf dieser Wanderung ist die Toni-Lenz-Hütte, auf der wir auch übernachten können.

☎ Tourist-Info

Touristinfo Marktschellenberg
Salzburger Str. 2
83487 Marktschellenberg
Telefon: 0 86 50 / 98 88 30
Internet: www.marktschellenberg.de

 KARTE

Topographische Karte 1:50 000
„Berchtesgadener Alpen" (LDBV)

Anfahrt

Mit dem Auto: Auf der Salzburger Autobahn (A 8) über den Grenzübergang Walserberg und weiter bis zum Knoten Salzburg, dann auf der A 10 bis Ausfahrt Salzburg-Süd; auf der B 160 bzw. B 305 bis zum Wanderparkplatz Passthurm, kurz vor Marktschellenberg.

Mit Bahn & Bus: Mit der Deutschen Bahn bis Berchtesgaden, von dort weiter mit dem RVO-Bus bis Haltestelle Passthurm.

 Ausgangs-/Endpunkt

Wanderparkplatz Passthurm (480 m).

Auf dem Weg zur Eishöhle geht der Blick bis zum Watzmann

Bergbahn

Die Untersbergbahn verkehrt zwischen St. Leonhard und dem Geiereck und ist von Ende April bis Anfang November in Betrieb. Tel. 00 43 / 62 46 / 72 477. Busverbindung von Talstation zurück zum Ausgangspunkt.

Charakter

Leichte Wanderung auf Wirtschaftsweg und Bergwanderweg hinauf bis zur Toni-Lenz-Hütte. Von dort führt ein schmaler Pfad zum Eingang der Schellenberger Eishöhle. Für die Eishöhle selbst sind Anorak und Taschenlampe mitzubringen, da die Temperaturen stark von der Außentemperatur abweichen. – Wer über den Thomas-Eder-Steig (Treppenstufen, Felstunnel und Drahtseilsicherungen) hinauf zur Mittagscharte und weiter zum Geiereck wandern will, braucht Trittsicherheit und Schwindelfreiheit.

Die Toni-Lenz-Hütte unterhalb des Hochthrons

Der Aufstieg führt zuerst durch schöne Bergwälder

 **Höhenunterschied**

1120 Hm Anstieg bis zur Eishöhle, weitere 250 Hm bis zur Bergstation der Untersbergbahn.

Gehzeiten

Vom Wanderparkplatz Passthurm bis zur Toni-Lenz-Hütte 2 ¾ Std., Weiterweg zur Eishöhle knapp 30 Minuten, Abstieg ins Tal 2 ½ Std. Gesamtgehzeit: knapp 6 Std. – Weiterweg zur Bergstation der Untersbergbahn 2 ½ Std.

 **Einkehr & Übernachtung**

Toni-Lenz-Hütte (1450 m), privat, bewirtschaftet von Mitte Mai bis Ende Oktober, 18 Lager; Tel. 00 43 / 660 / 65 81 430.
Restaurant Zum Karlwirt an der Bergstation.

Die Route

Beim Wanderparkplatz wechseln wir die Straße zur Bergseite und folgen dann dem ausgeschilderten und anfangs noch geteerten Wirtschaftsweg (Mark.-Nr. 463) bergwärts. Zunächst wandern wir über dem Rothmanngraben in Richtung Westen. Der Teerweg geht dann in einen Kiesweg über, wechselt die Rich-

tung und windet sich in Kehren durch Wald hinauf. Der Weg wird zum Pfad und leitet uns immer durch Wald bergan. Allmählich wird der Wald lichter und eine freie Sicht über die Berchtesgadener Berge und hinüber ins Salzburger Land tut sich auf. Das letzte Stück führt über offenes Gelände hinauf zur kleinen Toni-Lenz-Hütte mit ihrer Aussichtsterrasse. Diese Hütte ist keine Alpenvereinshütte, sondern gehört dem Salzburger Höhlenverein, der die Erschließung der Eishöhle vorangetrieben hatte. Direkt an der Terrasse beginnt der Pfad – nach einer wohlverdienten Pause –, der uns in Kehren hinauf in Richtung Mittagscharte leitet. Von diesem Steig führt dann rechts der ausgeschilderte Zugangsweg zur Eishöhle ab, deren Eingang wir auch bald sehen können.

 **Variante**

Falls noch Energie übrig ist, können wir nach dem Höhlenbesuch auch über den aufregenden Thomas-Eder-Steig zum Gipfelplateau ansteigen, dem Salzburger Hochthron einen Besuch abstatten und anschließend mit der Untersbergbahn wieder ins Tal hinabschweben.
Von der Schellenberger Eishöhle nehmen wir den Pfad, der hinunterführt zu unserem Anstiegsweg auf den Untersberg. Diesem folgen wir sodann rechts zum Einstieg des Thomas-Eder-Steigs. Unter überhängenden Felsen, durch Felstunnel mit Aussichtsfenster und über steile Treppen und Eisenleitern windet sich der Steig durch die Südwand des Untersbergs und führt uns hinauf zur Mittagscharte. Bei der Wegverzweigung halten wir uns rechts, gehen die steile Bergflanke hoch und erreichen somit das Hochplateau. Vom Zugangsweg zur Bergstation der Untersbergbahn ist es nur ein kleiner Schlenker nach links hinauf zum Salzburger Hochthron (1853 m). Auf der anderen Seite geht es wieder hinab und im Auf und

Fachkundige Führer erklären die Besonderheiten der Schellenberger Eishöhle

Ab auf breitem Weg hinüber zum Geiereck, wo wir noch mal einkehren können, bevor wir hinabschweben nach St. Leonhard. Die Rückfahrt zum Ausgangspunkt legen wir mit dem Bus zurück.

📢: Der Jahreszeiten-Tipp

Diese Wanderung können wir zwar von Frühjahr bis Herbst unternehmen, die Hauptattraktion, die Schellenberger Eishöhle, ist jedoch nur im Sommer und im frühen Herbst geöffnet. Deutschlands größte Eisschauhöhle liegt auf einer Höhe von 1570 m und kann in einer Führungstour besichtigt werden. Erstmals erwähnt wurde die Höhle im Jahre 1826, hundert Jahre später wurde sie dann allgemein zugänglich gemacht. Die Besucher sollten sich warm anziehen, denn der Rundgang – bei dem die Besucher mit Gaslaternen ausgestattet werden – erstreckt sich über eine Dreiviertelstunde bei einer Grundtemperatur um null Grad. Von den 3621 Metern der erforschten Höhle sind 500 Meter in einem Rundgang zu besichtigen. Die Höhle enthält ein Eisvolumen von 60 000 Kubikmeter und gehört somit zu den größten der Welt. Der Eingang zur Eishöhle ist 20 x 4 Meter und liegt über dem Höhlensystem. Der Rundgang startet mit einem Abstieg über ein Schneefeld zur größten Höhle, der Josef-Ritter-von-Angermayer-Halle, und führt dann hinab zur Fuggerhalle, bei der wir den tiefsten Punkt erreicht haben; er liegt 55 Meter unter dem Eingang. Über den Mörkdom und verschiedene weitere Räume geht es dann über einen künstlichen Stollen zurück.

Öffnungszeiten: täglich von Pfingsten bis Ende Oktober, stündliche Führungen zwischen 10 und 16 Uhr. Treffpunkt direkt am Höhleneingang.

Die Haarbachalm

Der Salzpfannen der Reichenhaller Salinen verschlangen in früherer Zeit beträchtliche Mengen an Holz für den Siedebetrieb. Und so kam auch aus Weißbach an der Deutschen Alpenstraße entsprechendes Brennholz, das zum Teil unter schwierigsten Umständen zu Tal getriftet wurde. An der Vorderen Schwarzachen wurde dafür sogar eine kleine Waldbahn durch die enge Schlucht gebaut, die allerdings 1958 ihren Betrieb einstellen musste. Heute können wir auf einem erst vor wenigen Jahren sanierten Wanderweg (mit zahlreichen Info-Tafeln) einen Einblick in die gefahrvolle Arbeit entlang dieser Strecke gewinnen. Höhepunkt unserer Wanderung ist die Hientalklause, ein künstlicher Wasserspeicher, mit dessen Hilfe das geschlagene Holz talauswärts transportiert wurde. Erstmalige Erwähnung fand dieses nun wieder hergestellte Industriedenkmal bereits im Jahre 1624, damals allerdings noch als Holzbauwerk, der Steinbau entstand im Jahre 1798 unter Kurfürst Carl Theodor. Die Holztrift musste an dieser Stelle wegen Wassermangels im Jahre 1912 jedoch eingestellt werden. Dort erwartet uns heute ein schöner Picknickplatz. Ein Ort, ideal zum Brotzeitmachen und zum Spielen für die Kinder! Und nicht zu vergessen, am Weg erwarten uns drei bewirtschaftete Almen: die Haarbach-, die Bichler- und die Reiteralm.

KARTE

Topographische Karte 1:50 000
„Berchtesgadener Alpen" (LDBV)

 Anfahrt

Mit dem Auto: Auf der Salzburger Autobahn (A 8) bis zur Ausfahrt Siegsdorf, dann weiter auf der B 306 / 305 über Inzell nach Weißbach an der Alpenstraße. Am Beginn der Ortsbebauung rechts der Ausschilderung Forsthaus folgen. Dort großer Wanderparkplatz.

Mit Bahn & Bus: Mit der Deutschen Bahn bis Traunstein, dann weiter mit dem RVO-Bus (nur im Sommer) über Inzell nach Weißbach.

Ausgangs- / Endpunkt

Wanderparkplatz in Weißbach a. d. Alpenstraße (623 m).

Charakter

Leichte Wanderung auf breiten Alm- und Wirtschaftswegen. Kurze Abschnitte auf Bergsteigen. Achtung jedoch in der Klamm, der Weg dort ist ohne Geländer.

☎ Tourist-Info

Tourist-Info Schneizlreuth
Berchtesgadener Straße 12
83458 Schneizlreuth
Telefon: 0 86 65 / 74 89
Internet: www.schneizlreuth.de

 Höhenunterschied

340 Hm im Auf- wie im Abstieg.

 Gehzeiten

Waldbahnweg bis Bäckinger Klause ¾ Std.; von dort über die Bichleralm zur Hientalklause 1 Std., Abstieg nach Weißbach 1 Std. Gesamtgehzeit: etwa 3 Std. Alpine Variante: Vom Wanderparkplatz Zwing zur Bichleralm 1 ¼ Std.; Rückweg von Weißbach über den Gletschergarten ¾ Std. (nicht auf der Karte dargestellt!).

Einkehr & Übernachtung

Die **Haarbachalm** (840 m), die **Bichleralm** (860 m) und die **Reiteralm** (960 m) sind während der Weidesaison bewirtschaftet. Es gibt Brotzeiten und Getränke. Gasthäuser und Privatunterkünfte in Weißbach an der Alpenstraße.

Herzliche Brotzeit auf der Haarbachalm

Die Route

Vom Wanderparkplatz in Weißbach wandern wir über das kleine Brückerl und halten uns dann sofort rechts. Angenehm schattig geht es zunächst am Weißbach entlang, dann steigen wir langsam an und gehen in die Klamm der Vorderen Schwarzachen hinein. Hier wandern wir auf der Trasse der ehemaligen Waldbahn, die lange Jahre für einen bequemen Holztransport durch die enge Klamm sorgte, da für eine Trift das Wasser knapp geworden war. Die Gleise sind schon lange abgetragen und es ist schwer vorstellbar, dass hier mal ein kleines Dampfbähnlein tuckerte. Bald durchschreiten wir einen ausgesprengten Felstunnel, dann geht es in angenehmer Steigung langsam höher. Aufgrund der steilen Bergflanken kommt es im Winter zu häufigen Lawinenabgängen, sodass wir im Sommer manchmal sogar über Lawinenkegel klettern müssen. Allmählich weitet sich die Klamm; wir wechseln nun auf die andere Bachseite und gelangen so bald zur Bäckinger Klause (753 m), ein ehemaliges Stauwehr mit Holzlagerplatz, das auf das Jahr 1804 zurückdatiert. In das kleine Gebäude darüber können wir sogar einen Blick werfen, um zu sehen, unter welchen Bedingungen früher die Holzknechte gelebt haben. Bei der Wegverzweigung nach der Bäckinger Klause folgen wir dann rechts dem steil ansteigenden Almfahrweg und erreichen so in 10 Minuten die Haarbachalm. Der ansteigende Fahrweg führt in einer knappen halben Stunde zur Kaitelalm, die auf einem Sattel liegt und eine beliebte Einkehr darstellt.

Wenige Meter oberhalb der Haarbachalm zweigt links ein Almweg ab, der zur ebenfalls bewirtschafteten Bichleralm führt, die nur wenige Meter abseits unserer Route liegt. Nach 200 Metern zweigt der neu angelegte Wanderweg links ab. Wir folgen im hinab in eine Senke, queren einen Bach und gehen dann in einem Rechtsbogen durch Mischwald hinauf zu einer Forststraße, folgen dieser ein kurzes Stück und biegen dann erneut links ab. Wenige Meter abwärts, rechts über einen Holzsteg und jenseits wieder hinauf. Durch schönen Wald abwärts und im Rechtsbogen dann relativ steil hinab zur Hientalklause. Über einen Steg auf die andere Seite. Wir wandern dann links den Fahrweg hoch zu einer Forststraße, folgen dieser nach rechts, umrunden zur Hälfte einen bewaldeten Buckel und treffen auf eine bergwärts führende Forststraße, der wir folgen. Bei der nächsten Wegverzweigung rechts zur Reiteralm. Abstieg: Auf dem Wirtschaftsweg kurz zurück und rechts haltend weiter talwärts, im Rechtsbogen um den Maisenberg herum und hinab zu unserem Ausgangspunkt in Weißbach.

Der Wasserfall im Rißgraben

Schmuckstück an der Reiteralm

Die Reiteralm

Wissenswertes

Die Bichleralm datiert zurück bis auf das Jahr 1345 (erstmalige Erwähnung); sie besitzt kulturhistorischen Wert, denn es handelt sich dabei um die einzige verbliebene Zwie-Alm im Landkreis Traunstein. Das Besondere daran: Wohngebäude und Stall sind in zwei Gebäude getrennt. Das ursprüngliche Wohngebäude, das Kaserl, wurde restauriert und steht nun unter Denkmalschutz.

Der Jahreszeiten-Tipp

Der Sommer ist natürlich die beste Zeit für diese Tour, denn es geht ja um eine Almwanderung. Und diese sind nur im Sommer bewirtschaftet, und nur dann weidet das Almvieh rund um die Kaser. Winter und Frühjahr scheiden aus, denn dann ist der Weg durch die Klamm entlang der Schwarzachen aufgrund von Lawinengefahr bzw. im Frühjahr wegen der großen Restschneemengen nicht begehbar. Bleibt noch der Herbst: Aber dann ist das liebe Almvieh weg, obgleich die eine oder andere Almhütte für Wanderer noch geöffnet hat.

Erfrischung auf der Reiteralm

Durch die Gießenbachklamm zum Brünnsteinhaus
Sprudelndes Wasser und ein Gipfel mit „Kaiserblick"

Blick vom Gipfel des Brünnstein Richtung Westen

Der übliche Weg zum Brünnsteinhaus führt von Norden hinauf. Wir haben uns heute jedoch die ruhige Südseite ausgesucht. Doch diese Seite ist nicht nur ruhiger, sie ist sogar ein wenig spektakulärer, denn am Beginn unserer Wanderung starten wir mit einer Klammwanderung. Ja, es ist eigentlich alles geboten auf unserer Tour: viel Wasser, drei Einkehrmöglichkeiten, ein kurzer Klettersteig und ein umfassender Gipfelrundblick. Für manche ist der „Kaiserblick" vom Brünnstein unübertroffen – vorausgesetzt, unser Tag ist nicht zu diesig. Aber alles auf einmal: Nun, das wäre vielleicht doch zu viel des Guten. Aber warten wir's ab!

 Anfahrt

Mit dem Auto: Auf der Salzburger Autobahn (A 8) bis zum Inntaldreieck, dann weiter auf der A 93 bis zur Ausfahrt Kiefersfelden, weiter in den Ort in Richtung Grenze, dann vor dem Kieferbach scharf rechts der Ausschilderung nach Breitenau bzw. zur Gießenbachklamm folgen. Bei der Straßenverzweigung nach Kiefersfelden links halten, also im Tal bleiben. Die Bleier Sag ist unübersehbar an ihrem großen Wasserrad direkt neben der Straße zu erkennen. Parkplatz kurz dahinter bzw. entlang der Straße.

Mit Bahn & Bus: Nicht möglich.

☎ Tourist-Info

Kur- und Verkehrsamt
Dorfstraße 23
83088 Kiefersfelden
Telefon: 0 80 33 / 97 65 28
Internet: www.kiefersfelden.de

KARTE

Topographische Karte 1:50 000
„Mangfallgebirge" (LDBV)

 Ausgangs- / Endpunkt

Bleier Sag (540 m).

Charakter

Zu Beginn leichte Wanderung am Bach entlang, dann gesicherter Klammsteig bis kurz vor der Schopperalm, weiter auf dem Wirtschaftsweg bis zur Gießenbachhütte; Anstieg zum Brünnsteinhaus auf schmalen Bergpfaden; der Abstieg erfolgt überwiegend auf Wirtschaftswegen und schmalen Fahrsträßchen.
Gipfelabstecher: leichter Klettersteig, Trittsicherheit und Schwindelfreiheit erforderlich.

Höhenunterschied

800 Hm im Auf- wie im Abstieg (ohne Gipfelabstecher).

 Gehzeiten

Bleier Sag bis Schopperalm ¾ Std., Schopperalm bis Gießenbachhütte 1 ¼ Std., Gießenbachhütte bis Brünnsteinhaus 2 ¼ Std., Abstieg ins Tal 3 Std. Gesamtgehzeit: 7 ¼ Std. – Gipfelabstecher 1 ½ Std.

 Einkehr & Übernachtung

Schopperalm (610 m), im Sommer bewirtschaftet, Montag Ruhetag.
Gießenbachhütte (857 m), Naturfreundehaus, von Mai bis Oktober unregelmäßig bewirtschaftet.
Brünnsteinhaus (1342 m), AV-Hütte, nahezu ganzjährig geöffnet, von Mitte März bis Ende April geschlossen, von Allerheiligen bis Mitte März nur an Wochenenden, Ausnahme: Ferienzeiten, 20 Betten, 40 Lager; Tel. 0 80 33 / 14 31.

Fachgespräche unter Almbewohnern – Himmelmoosalm

Der Anstieg

Vom Ausgangspunkt bei der Bleier Sag mit dem unübersehbaren, überdimensionierten Wasserrad folgen wir zunächst dem Fahrweg auf der rechten Bachseite durch Wald, bis nach etwa einem Kilometer links ein Steg über den Gießenbach führt. Hier befinden sich einige reizvolle Kiesbänke zum Planschen und Picknicken. Wir folgen dem breiten Weg am Bach entlang zum kleinen „Kraftwerk Gießenbach". Links an diesem vorbei und über 100 Stufen steil hinauf zum eigentlichen, gut gesicherten Klammweg, der uns mit herrlichen Tiefblicken in die wilde Klamm bis zu einem Stauwehr leitet. Dort queren wir wieder auf die andere Seite und folgen links dem schmalen Weg zu einer Bergwiese. Der kurze Wanderweg geht nun über in einen Fahrweg, trifft auf einen quer führenden Weg, dem wir kurz nach links folgen, und bald schon ist auch der Zufahrtsweg zur Schopperalm erreicht. Auf der Terrasse lässt es sich gut einkehren, bevor wir den Weg wieder unter die Füße nehmen. Hinter der Alm folgen wir in gleicher Richtung dem Weg, der uns nach einem kurzen Anstieg in einem Rechtsschwenk zum großen Wirtschaftsweg leitet, der ins Gießenbachtal führt. Dort wenden wir uns nach links und wandern weiter ins Hintere Gießenbachtal. Bei den ersten beiden Wegabzweigungen halten wir uns links, bei den beiden folgenden rechts. Wir durchwandern die Enge der Hinteren Gießenbachklamm und erreichen so das Unterkunftshaus der Naturfreunde, die Gießenbachhütte. Wenn wir Glück haben, ist es bewirtschaftet. Und nach einer erneuten Stärkung machen wir uns an den steilen Aufstieg zum Brünnsteinhaus. Der steile Weg (Markierung 653) beginnt direkt am Haus und führt uns über steile Serpentinen durch Wald und Bergwiesen hinauf zur Herrnalm (1192 m). Dort weiter steil in direkter Linie hinauf zum Almfahrweg Rechenau – Himmelmoosalm. Auf diesem kurz nach rechts und links hinauf zum Brünnsteinhaus.

Blick auf die Berge des Kaisers

 ## Der Rückweg

Vom Brünnsteinhaus wandern wir kurz hinab zum Almfahrweg und folgen diesem nach links (Markierung 651) in Richtung Rechenau. In südöstlicher Richtung steuern wir auf den Kleinen Brünnstein zu, bei der Weggabelung halten wir uns links und über steile Kehren wandern wir durch Wald hinab in den Fleckgraben. Bei der folgenden Wegverzweigung können wir beide Möglichkeiten nutzen, die linke Variante ist etwas kürzer. Bei der Wegkreuzung in der Rechenau gehen wir rechts (Markierung 655), wandern am Jagdhaus vorbei und folgen dem Wirtschaftsweg in das Gießenbachtal. Dort treffen wir wieder auf unseren Anstiegsweg, dem wir nun talwärts bis zu unserem Ausgangspunkt folgen.

Die Gipfelkapelle auf dem Brünnstein

Und oben spickt schon der Brünnstein heraus

Der Gipfelabstecher

Vom Brünnsteinhaus folgen wir dem Weg-weiser zum Dr.-Julius-Mayr-Weg. Ein kurzes Stück nur durch Wald, dann sind wir am Fuß des Gipfelaufbaus angelangt. Nun geht es steil hinauf – einige Sicherungen – bis zu einem schmalen Felsspalt. Durch diesen hindurch auf die andere Seite und weiter über Treppenstu-fen zu einem Schrofenhang. Weiter aufwärts zu einem gesicherten Band und zur Mulde unter dem Gipfelaufschwung. Über gesicherte Felspassagen hinauf zur kleinen Kapelle am Gipfel (das Gipfelkreuz liegt etwas abseits da-von). Auf der anderen Seite (Richtung Westen) nun über steile Pfadspuren hinab zur Himmel-moosalm und, uns links haltend, zurück zum Brünnsteinhaus.

Der Jahreszeiten-Tipp

Vier gute Gründe sprechen dafür, diese Tour im Sommer zu unternehmen: Die Gießenbach-klamm führt noch viel Wasser und bietet da-her ein spektakuläres Wasserrauschen, zwei-tens sind die Kiesbänke am Ende der Klamm schon wasserfrei zum Baden und Faulenzen und Brotzeitmachen, drittens ist die Schop-peralm geöffnet, eine reizvolle Alm am Weg und willkommene Einkehrmöglichkeit, und der letzte Grund ist der Anstiegsweg aus der Klamm hinauf zum Brünnsteinhaus, der im frühen Frühjahr noch nicht gut zu begehen ist. Als kleines Zusatzschmankerl bietet sich dann noch der kurze Klettersteig zum Brünnstein an.

Mit schnellen Schritten zur Kreuzbergalm

Unsere Runde über die östlichen Höhen des Tegernsees führt uns durch ein weitläufig bewaldetes Berggebiet, das immer an den richtigen Stellen eine Bergwiese mit Berggasthaus oder eine dazugehörige Alm aufweist. So haben wir die Möglichkeit, nicht nur mehr oder weniger stille Bergwege zu beschreiten, sondern auch im richtigen Abstand eine Einkehrmöglichkeit vorzufinden: ein idealer Umstand. So berühren wir zuerst das Berggasthaus Neureut, wandern dann hinüber zu den Gindelalmen und machen einen letzten Einkehrschwung bei der Kreuzbergalm, bevor wir wieder ins Tal hinabwandern.

Anfahrt

Mit dem Auto: Auf der Salzburger Autobahn (A 95) bis zur Ausfahrt Holzkirchen, dann auf der Landstraße über Gmund nach Tegernsee; Parkmöglichkeiten am Bahnhof oder im Ort (gebührenpflichtig).
Mit Bahn & Bus: Mit der Oberlandbahn (BOB) von München nach Tegernsee; vom Bahnhof weiter zu Fuß.

Ausgangs-/Endpunkt

Tegernsee-Ortsmitte bzw. Bahnhof (747 m).

Charakter

Leichte Bergwanderung auf Wirtschaftswegen und Bergwanderwegen; einzelne Abschnitte auf markierten Pfadspuren. Ideal auch für Nicht-Schwindelfreie. Streckenweise – vor allem beim Aufstieg – schön schattig.

Höhenunterschied

650 Hm im Auf- wie im Abstieg.

Gehzeiten

Von Tegernsee zum Berggasthaus Neureut 1 ½ Std.; vom Berggasthaus Neureut zur Gindelalmschneid 1 Std., von dort hinüber zur Kreuzbergalm ¾ Std., Abstieg nach Tegernsee 1 ½ Std. Gesamtgehzeit: gut 5 Std.

Einkehr & Übernachtung

Berggasthaus Neureut (1263 m), täglich von 8.30–18 Uhr, Donnerstag bis 22.00 Uhr, ganzjährig bewirtschaftet, von Ende November bis Weihnachten ist Betriebsruhe, Montag Ruhetag, wenn Montag Feiertag, dann Dienstag; Tel. 0 80 22/44 08.
Gindelalmen (1242 m), privat, bewirtschaftet von Christi Himmelfahrt bis Kirchweih (Oktober), 34 Betten, Übernachtung jedoch nur nach Vereinbarung; Tel. 0173/943 93 84.

Tourist-Info

Tegernseer Tal Tourismus GmbH
Hauptstraße 2
83684 Tegernsee
Telefon: 0 80 22/927 38 22
Internet: www.tegernsee.com

⊘ KARTE

Topographische Karte 1:50 000
„Mangfallgebirge" (LDBV)

Der Abstieg nach Tegernsee

Kreuzbergalm (1223 m), privat, während der Weidezeit bewirtschaftet.

Die Route

Von der Ortsmitte bzw. vom Bahnhof folgen wir kurz der Bahnhofstraße, wandern durch die Neureutstraße zur Volkshochschule und nehmen anschließend den Treppenweg zum Westernhof. Dort links weiter zunächst auf Fahrstraße, dann in den Wald hinein und auf dem Westerhofweg immer bergan. Der Weg ist gut ausgeschildert, sodass es keine Orientierungsprobleme gibt. Wir verlassen den Wald und wandern über eine große Wiese hinauf zum bereits sichtbaren Neureutaus. – Der Weiterweg erfolgt dann im Auf und Ab auf einem Almweg zunächst durch Wald hinüber zu den Bergwiesen der Gindelalmen. Nach der Einkehr gehen wir ein kurzes Stück zurück und folgen links dem Pfad hinauf zur Gindelalmschneid, die uns herrliche Ausblicke bietet. Uns links haltend, wandern wir über den freien Hang hinab und durch Almwiesen zur Kreuzbergalm, die wir entweder durch eine direkte Abkürzung oder – indem wir noch ein Stück weiterlaufen – auf dem Zufahrtsweg erreichen. Diesen Almfahrweg nehmen wir dann auch für den Abstieg nach Tegernsee unter die Füße. Wir folgen ihm weiter in südlicher Richtung,

gehen seitlich am Kreuzköpfl vorbei und wandern dann immer auf dem talwärts führenden Wirtschaftsweg durch Wald und weiter unten am Alpbach entlang hinab nach Tegernsee.

📢 Der Jahreszeiten-Tipp

Was spricht für diese klassische Wanderung in den Bayerischen Voralpen, besonders im Sommer? Auf unserer gewählten Strecke wird noch klassische Almwirtschaft betrieben, zu Sommerbeginn können wir auf der Gindelalmschneid das Sonnwendfeuer miterleben, eventuell sogar auf der Gindelalm übernachten (nach Voranmeldung), ein großer Teil der Wanderung führt durch Wald (daher im Sommer angenehm schattig) und am Ende der Tour können wir im Strandbad Tegernsee oder am Südufer mit einem Sprung ins Wasser den erlebnisreichen Tag ausklingen lassen.

Entspannte Bedienung trotz Riesenansturm

Am Gipfel der Sonnenspitze: Kochelsee und Herzogstand mit Heimgarten

Eine kurze, aber vielseitige Tour über dem Kochelsee mit Fast-Garantie an Einsamkeit und einem großartigen Panoramablick, nachdem wir den Waldgürtel überwunden haben. Dieser Waldberg mit dem schrofigen Gipfelkamm ist der eigentliche Hausberg von Kochel, wenngleich er nicht so spektakulär ist wie der benachbarte Jochberg. Und es bleibt danach noch viel Zeit für einen Besuch im Franz-Marc-Museum, dem kulturellen Highlight gleich um die Ecke.

 ## Anfahrt

Mit dem Auto: Auf der Garmischer Autobahn (A 95) bis Ausfahrt Murnau / Kochel, dann auf der Staatsstraße 2062 nach Kochel am See. Mehrere Parkplätze im Ort.
Mit Bahn & Bus: Mit der Deutschen Bahn von München über Tutzing und Benediktbeuern nach Kochel am See (Endbahnhof).

Ausgangs- / Endpunkt

Der Bahnhof von Kochel am See bzw. einer der Parkplätze im Ortsbereich (610 m).

 ## Charakter

Im unteren Bereich Orts- und Wirtschaftswege, dann Bergwanderwege und Bergsteige, im Gipfelbereich nur mehr Pfadspuren. Das letzte Stück des Aufstiegsweges zur Geißalm und der erste Teil des Abstieges von der Sonnenspitze sind recht steil. Bei Nässe unangenehm. Diese Tour sollte man nur bei gutem Wetter unternehmen.

 ## Höhenunterschied

660 Hm im Auf- wie im Abstieg.

 ## Gehzeiten

Von Kochel über das Graseck auf die Sonnenspitze 2 Std., direkter Abstieg nach Kochel 1 Std. Gesamtgehzeit: 3 Std.

 ## Einkehr & Übernachtung

Unterwegs keine, daher Verpflegung aus dem Rucksack. In Kochel am See gibt es dann mehrere gute Gasthöfe für eine Einkehr.

 ## Die Route

Vom Bahnhof von Kochel über die Bahnhofstraße in die Ortsmitte (bzw. von einem Parkplatz im Ort), dann über die Bergfeldstraße und den Herzogstandweg zum Franz-Marc-Museum. Links am Franz-Marc-Park vorbei und zur Alten Straße, dann weiter auf dem

 ## Tourist-Info

Verkehrsamt Kochel am See
Kalmbachstraße 11
82431 Kochel am See
Telefon: 0 88 51 / 338
Internet: www.kochel.de

⊘ KARTE

Topographische Karte 1:50 000
„Tölzer Land - Starnberger See" (LDBV)

Panoramaweg (K3). Wir queren eine Forststraße, treffen auf einen Karrenweg. Dort links hinauf, wo uns bald ein Wegweiser in Richtung „Sonnenspitze" leitet. Unser Weg biegt rechts in den Wald, führt an einem Kletterfelsen vorbei und verengt sich in einem Pfad. Über einen Bach hinweg (Warnschild: Nur für Geübte!). Bald in Serpentinen durch Wald hinauf, immer den blauen Markierungspunkten folgend, zu einem weiteren Wegweiser. Kurz auf dem Pfad weiter, dann links durch eine Windbruchzone (weglos), dann rechts an einer Felswand vorbei zu einem Aussichtspunkt. In Kehren dann über den bewaldeten Berghang hinauf und seitlich rechts am Graseck vorbei zu einer Wegverzweigung. Dort links den steilen Grashang hinauf zu einer Scharte östlich des Graseckgipfels. Von dort auf dem Verbindungskamm hinüber zur Sonnenspitze. – Der Abstieg nach Kochel verläuft in direkter Linie jenseits in Serpentinen hinab (Mark.-Nr. 453), trifft auf einem Forstweg, links haltend weiter zum Sattel vor dem Kienstein, dort rechts steil

hinab zu einer Forststraße. Diese kürzen wir nach links ab, queren sie unterhalb und wandern dann direkt nach Kochel hinein.

✈ Variante

Dort, wo sich unser Anstiegsweg unterhalb des Gralsecks verzweigt, können wir zur Forststraße hinübergehen, die sich in vielen Kehren von Kochel herauf durch den Wald windet und knapp unterhalb der Sonnenspitze endet. Von dort führt ein leichter Pfad in einem Linksbogen durch Wald zum Gipfel. Dieser Weg umgeht den steilen, bei Nässe gefährlichen Grashang.

◀ Der Jahreszeiten-Tipp

Während sich am benachbarten Jochberg die Massen tummeln, können wir am zwar etwas niedrigeren, dafür aber beschaulichen Nachbargipfel ein vergleichbar reizvolles Panorama genießen. Der Vorteil im Sommer: Es handelt sich um einen Nordanstieg, der bis zum Gipfel nahezu geschlossen durch Bergwald führt, und, wenn wir ihn am Morgen gehen, für ein paar Stunden noch im Schatten liegt. Erst am Gipfel gibt es Aussicht, dafür aber reichlich. Ein weiterer Vorteil: Wir sind nach unserem Abstieg ins Tal ganz schnell am See und können – die Tour ist ja nicht so lang – noch einen Badenachmittag dranhängen.

Kochel am See

Die Höfe oberhalb von Paterzell

Wessobrunn ist vielen sicherlich als bedeutender Klosterkomplex ein Begriff. Dass man dort auch schöne Wanderungen unternehmen kann, vielleicht weniger. Auf unserer Rundwanderung können wir Kultur und Natur in idealer Weise verbinden, denn neben der Besichtigung von Kloster, Tassilolinde und dem Besichtigen des Gedenksteins, in den das berühmte „Wessobrunner Gebet" eingemeißelt ist, besuchen wir auch den Paterzeller Eibenwald. Dieser gilt als größter noch bestehender Eibenbestand Europas mit etwa 2000 Exemplaren dieser sowohl hochgiftigen als auch sehr nützlichen Bäume. Ein Lehrpfad mit zehn Tafeln erklärt uns dabei alles Wichtige (Start in Paterzell).

Anfahrt

Mit dem Auto: Auf der Garmischer Autobahn bis Autobahndreieck Starnberg, dort weiter bis zum Autobahnende in Starnberg; durch den Ort und über die B 2 nach Weilheim; in der Ortsmitte rechts und auf der Staatstraße 2057 in Richtung Landsberg bis nach Wessobrunn.

In der Ortsmitte weiter in Richtung Haid; Parkplatz an der Klosteranlage am nördlichen Ortsende. **Mit Bahn & Bus:** Mit der Deutschen Bahn bis Weilheim, von dort weiter mit RVO-Bus nach Wessobrunn.

Ausgangs- / Endpunkt

Parkplatz bei der Klosteranlage in Wessobrunn (702 m).

Charakter

Leichte Wanderung auf Teersträßchen und unbefestigten Wanderwegen. Im Bereich des Eibenwalds an einigen Stellen Trittsicherheit erforderlich

 Höhenunterschied

150 Hm auf dem Hin- wie auf dem Rückweg.

Gehzeiten

Von Wessobrunn nach Paterzell 1 ½ Std., Rückweg über St. Leonhard 2 Std. Gesamtgehzeit: 3 ½ Std.

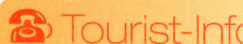 Einkehr & Übernachtung

Gasthof zur Post in Wessobrunn, Mittwoch Ruhetag, Pension; Tel. 0 88 09 / 208.
Gasthof Zum Löwen in Wessobrunn, Pension; Tel. 0 88 09 / 352.
Landgasthof Zum Eibenwald in Paterzell, Zimmer; Tel. 0 88 09 / 92 040.

☎ Tourist-Info

Gemeinde Wessobrunn
Zöpfstraße 1
82405 Wessobrunn
Telefon: 0 88 09 / 313 00
Internet: www.wessobrunn.de

⊘ KARTE

Topographische Karte 1:50 000 „Pfaffenwinkel – Ammergauer Alpen (nördl. Teil)" (LDBV)

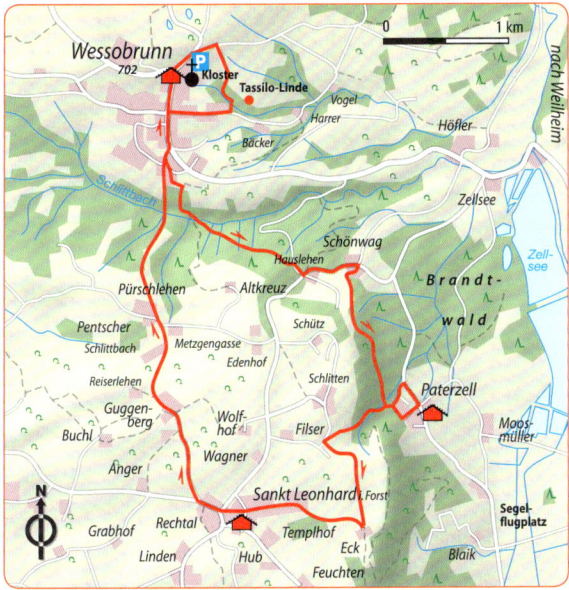

 Die Route

Vom Parkplatz beim Kloster folgen wir der Zöpf- und der Zimmermannstraße durch den Ort, dann leitet uns die Ausschilderung „Fußweg nach Paterzell über Schönwag". Beim Sportplatz rechts in den Wald und sogleich nochmals rechts. Dann durch den Tobel des Schlittbachs und weiter durch Wald. Wir treffen auf einen Forstweg, wo wir uns rechts halten und zur Teerstraße gelangen; dort links weiter nach Schönwag. Kurz davor rechts in einen gesperrten Fahrweg und dem Wegweiser nach „Paterzell" folgen, Anstieg durch das Naturschutzgebiet Eibenwald nach Paterzell. Von dort folgen wir dem Wanderweg nach „Schlitten", der uns durch ein steiles, bewaldetes Bachtal hinauf zu einer Hochfläche bringt. Wir stoßen auf einen Wirtschaftsweg, gehen dort links und folgen nach einem Bauernhof dem Feldweg zum Einödhof Eck. Diesen verbindet ein Sträßchen mit St. Leonhard. Ein Verbindungssträßchen leitet uns dort rechts über den

Weiler Guggenberg zum Bauernhof Pürschlehen, wo wir auf einen Wanderweg stoßen, der uns dann über zahlreiche Treppen hinab zum Schlittbach leitet. Jenseits wieder hinauf und bald schon sind die ersten Häuser von Wessobrunn erreicht.

◀: Der Extra-Tipp

Die Klosteranlage Wessobrunn wurde vermutlich im Jahr 753 auf Anregung Herzog Tassilos III. von Benediktinern gegründet. 1803 wurde das Kloster aufgehoben und Teile des Komplexes abgerissen. Von 1913 bis 2012 lebten dort allerdings wieder Missions-Benediktinerinnen. Die Anlage kann besichtigt werden. Führungen durch die Pfarrei Wessobrunn von Mittwoch bis Sonntag, sowie feiertags um 15.00 Uhr. Info: www.pfarrei-wessobrunn.de Ab Mitte 2016 ist geplant, das Kloster für Übernachtungsgäste zu öffnen.

◀: Der Jahreszeiten-Tipp

Diese Tour könnten wir natürlich zu allen Jahreszeiten unternehmen. Wir schlagen jedoch den Sommer vor, denn dann können wir den Eibenwald in seiner ganzen Pracht im grünen Kleid entsprechend würdigen. Außerdem bleibt uns noch genügend Zeit, um im Ammersee ein paar Runden zu schwimmen.

Im Kloster von Wessobrunn

Der Ferchensee

Zwei reizvolle Bergseen und eine Aussichtskanzel mit Einkehr sind das Ziel dieser abwechslungsreichen Sommerwanderung. Die knapp über 1000 Meter Höhe gelegenen Seen liegen eingebettet zwischen dem Kranzberg und den Ausläufern der Wettersteinwand.

Zu Beginn unserer Tour machen wir aber noch einen Rundgang durch das reizvolle Mittenwald, das jahrhundertelang an einer wichtigen Handelsstraße lag und für viele Reisende Station auf ihrem Weg nach Italien war. Vom früheren Reichtum zeugen heute noch die prächtigen Bürgerhäuser mit ihren Lüftlmalereien. Und natürlich lassen wir uns einen Besuch im berühmten Geigenbaumuseum nicht entgehen, das in einer ehemaligen Geigenbauwerkstatt untergebracht ist.

Anfahrt

Mit dem Auto:
Mit dem Auto: Auf der Garmischer Autobahn (A 95) bis zu deren Ende, auf der B 2 über Garmisch-Partenkirchen nach Mittenwald, Abfahrt Mittenwald-Nord. In der Ortsmitte parken.

Mit Bahn & Bus: Mit der Deutschen Bahn auf der Linie München-Innsbruck über Garmisch-Partenkirchen nach Mittenwald. Von dort weiter zu Fuß.

Ausgangs-/Endpunkt

Mittenwald (911 m), Bahnhof oder Ortsmitte.

 Charakter

Wanderung auf überwiegend leichten Bergwanderwegen, einige Passagen auf Wirtschaftssträßchen. Leichte Unternehmung, gut geeignet auch für Nicht-Schwindelfreie.

Höhenunterschied

300 Hm im Auf- wie im Abstieg.

Gehzeiten

Von Mittenwald durch das Leintal zum Lautersee ¾ Std., Weiterweg zum Berggasthaus Ferchensee ¾ Std., Aufstieg vom Lautersee zur Ederkanzel 1 ¼ Std. Rückkehr über den Lautersee nach Mittenwald 1 Std. Gesamtgehzeit: knapp 4 Std.

 Einkehr & Übernachtung

Am Lautersee gibt es drei Einkehrmöglichkeiten: **Hotel Lautersee** (1016 m), Zimmer und Ferienwohnungen, Restaurant, Café; Tel. 0 88 23 / 10 17, die **Lauterseealm** sowie einen Kiosk an der Badeanstalt.

Tourist-Info

Kurverwaltung und Verkehrsamt
Dammkarstraße 3
82481 Mittenwald
Telefon: 0 88 23 / 339 81
Internet: www.mittenwald.de

⊘ KARTE

Topographische Karte 1:50 000 „Werdenfelser Land – Ammergauer Alpen" (LDBV)

Am Ferchensee (1065 m) erwarten uns das gleichnamige **Berggasthaus** und ein Kiosk. Diese Gasthäuser sind nahezu ganzjährig bewirtschaftet.

Berggasthaus Ederkanzel (1208 m), privat, nahezu ganzjährig bewirtschaftet, von Anfang November bis Weihnachten, mit Ausnahme der Wochenenden geschlossen, in den Monaten April, Mai und Oktober ist Mittwoch Ruhetag; Tel. 0 88 23 / 16 81. Zahlreiche Gasthöfe gibt es natürlich auch in Mittenwald.

 ### Die Route

Wir starten unsere Wanderung am Bahnhof von Mittenwald bzw. in der Ortsmitte, gehen durch die Bahnhofstraße zum Obermarkt (gleich rechts davon liegt das Geigenbaumuseum), besichtigen kurz die Pfarrkirche St. Nikolaus und biegen dann in die Straße Im Gries ein, folgen dieser zur Laintalstraße und biegen an deren Ende, uns rechts haltend, in den Waldlehrpfad ein. Diesem folgen wir nun bergan durch das reizvolle Laintal mit dem gleichnamigen Wasserfall hinauf zum Lautersee mit mehreren Einkehrmöglichkeiten. Nach dem letzten Wirtshaus biegen wir rechts in einen Wirtschaftsweg ein, der uns parallel zur Fahrstraße zum Ferchensee bringt. Wir umrunden dann diesen reizvollen See in einem Linksbogen – kehren vielleicht sogar ein. Wir folgen dem Wanderweg am Südufer des Ferchensees unter den steilen Ferchenseewänden entlang. Kurz bevor wir wieder den Fahrweg erreichen, biegen wir rechts in den Wanderweg, der uns parallel zu Ersterem durch das sogenannte Kohlenbrandl – wir gehen immer geradeaus – bis zu einer Wegverzweigung führt. Dort rechts weiter zum Wirtschaftsweg, der aus dem Tal zur Ederkanzel führt. Diesem folgen wir rechts bis zum Berggasthaus.

 ### Der Abstieg

Wir gehen kurz auf dem Anstiegsweg zurück und folgen rechts dem Wanderweg, der uns kurz nach rechts, dann nach links geradewegs hinab zum Zufahrtsweg und zur Teerstraße bringt, die Mittenwald mit dem Ferchensee verbindet. Auf dieser kurz rechts, dann links ab und sogleich wieder rechts und auf dem Sträßchen hinab in Richtung Mittenwald. Wir treffen dann mit dem Laintalweg wieder auf unseren Herweg. Auf diesem zurück zu unserem Ausgangspunkt.

Der Extra-Tipp

Zwischen Ferchensee/Lautersee und Mittenwald (Karl-Preis-Platz) verkehren regelmäßig Kleinbusse und Kutschen. Falls wir mit Kindern unterwegs sind, das Wetter umschlägt oder eine gewisse Ermüdung eingetreten ist, können wir die Tour also auf bequeme Weise abkürzen.

Der Jahreszeiten-Tipp

Diese kleine Rundwanderung zu reizvollen Bergseen im östlichen Teil des Wettersteingebirges bietet sich besonders im Sommer an, denn dann können wir die beiden Bergseen nicht nur vom Ufer aus betrachten, mitsamt der reizvollen Spiegelung der Karwendel-Gipfel, sondern dort auch baden, Boot fahren oder angeln.

Am Eibsee

2000 Meter über den von Wald komplett eingerahmten Eibsee erhebt sich Deutschlands höchster Gipfel und gibt eine beeindruckende Kulisse ab. Geschaffen wurde dieser idyllische Flecken vermutlich durch einen prähistorischen Felssturz während der letzten Eiszeit. Im 35 Meter tiefen See befinden sich sieben kleine Inseln, die allesamt Namen des Bayerischen Königshauses tragen. Bis 1880 standen am Eibsee nur zwei kleine Bauernhäuser, bis ein findiger Unternehmer den See ersteigerte und um das Jahr 1900 einen Gasthof und etwas später ein Hotel errichtete. Dem heutigen Trubel am See können wir aber schnell entkommen, wenn wir die Wanderstiefel schnüren.

Tourist-Info

Tourist-Information
Parkweg 8
82491 Grainau
Telefon: 0 88 21 / 98 18 50
Internet: www.grainau.de

Und falls wir mal müde werden, gibt es immer wieder Ruhebänke am Weg. Um den Ausflug abzurunden, können wir am Biergarten beim Eibsee-Hotel frischen Steckerlfisch aus dem fischreichen Eibsee genießen.

 Anfahrt

Mit dem Auto: Auf der Garmischer Autobahn (A 95) bis zum Ende, dann auf der B 2 weiter in Richtung Garmisch-Partenkirchen; nach dem langen Tunnel rechts raus und weiter auf der B 23 der Ausschilderung nach Griesen / Fernpass folgen. Kurz hinter Garmisch zweigt die Zufahrtsstraße zum Eibsee links ab. Am Ende der öffentlichen Straße erwartet uns ein Großparkplatz (gebührenpflichtig).
Mit Bahn & Bus: Mit der Deutschen Bahn über Murnau nach Garmisch-Partenkirchen; dort umsteigen in die Zugspitzbahn (nur wenige Minuten zu Fuß vom Bahnhof) und weiter zum Bahnhof Eibsee. Dorthin fährt auch ein RVO-Bus.

 Ausgangs-/Endpunkt

Großparkplatz am Ende der öffentlichen Straße (970 m), kurz vor dem Eibsee.

Charakter

Leichte Wanderung auf guten und meist breiten Wanderwegen.

Höhenunterschied

Etwa 50 Hm.

Gehzeiten

Für die gesamte Runde benötigen wir etwa 2 Std. Aber da wir auch baden und picknicken wollen, kommt da leicht ein Ganztagesausflug heraus.

☾☆ Einkehr & Übernachtung

Eibsee-Hotel (970 m) mit Terrasse, ganzjährig bewirtschaftet, kein Ruhetag; Tel. 0 88 21 / 988 10.

Eibseealm (960 m), nahezu ganzjährig bewirtschaftet, Dienstag Ruhetag, November und April jedoch geschlossen. Tagesbetrieb von 10–18 Uhr. Tel. 0 88 21 / 824 11.

Eibsee-Pavillon (960 m) mit Biergarten und großer Terrasse, ganzjährig bewirtschaftet, kein Ruhetag.

Wer Zeit mitbringt, füllt seinen Rucksack mit Schmackhaftem und lässt sich auf einem der schönen Picknickplätze am See nieder.

🔵 Der Eibsee-Rundweg

Vom großen Parkplatz wandern wir die wenigen Meter hinab zum Eibsee mit Eibsee-Hotel und Eibsee-Pavillon und treffen dort auf den ausgeschilderten See-Rundweg. Wir halten uns links und wandern nun immer am Seeufer bzw. durch Wald im Uhrzeigersinn um den See. Zunächst passieren wir den kleine Frillensee (links) und die Badeanstalt. Dann verlassen wir den Uferweg und schlendern durch den stillen Nadelwald zum anderen Ende des Sees. Dort befindet sich eine Bedarfshaltestelle des Motorboots, das auf dem See verkehrt. Immer wieder kommen wir an lauschigen Plätzen vorbei, die zu einem Badeaufenthalt oder einem Picknick einladen. Vor dem Nordufer des Eibsees liegen sieben

Zarte Farben schmücken den See

Topographische Karte 1:50 000
„Werdenfelser Land" (LDBV)

kleine Inseln, die allesamt nach Mitgliedern des Bayerischen Königshauses benannt, aber unbewohnt sind. Dort, wo der See eine Ausbuchtung macht, durchstreifen wir den Steinriglwald und treffen bald wieder auf den Eibsee mit den beliebtesten Badeplätzen. Bald ist auch der Steg an der Engstelle zwischen Eibsee und Untersee erreicht und von dort ist es auch nicht mehr weit zurück zum Ausgangspunkt.

📣 Der Jahreszeiten-Tipp

Der Eibsee ist besonders im Sommer einen Besuch wert. Neben der schönen Wanderung rund um den See können wir auch mit dem Tretboot oder einem Ruderboot hinausfahren (direkt neben dem Eibsee-Pavillon zu mieten) und somit den prächtigen Blick auf die Zugspitze aus einer anderen Perspektive erleben. Außerdem gibt es dort einen Naturhochseilgarten (Infos und Anmeldung im Eibsee-Hotel, Tel. 0 88 21 / 988 10 – siehe auch: www.naturhochseilgarten.de) und bei der Eibseealm auch einen Kinderspielplatz. Am Südwestufer des Eibsees könnten die zwei Freibäder unseren Schwung stoppen, doch rund um den See finden wir zahlreiche idyllische Badeplätze, und da wir ja schon wandernd unterwegs sind, haben wir auch den Ehrgeiz, einen besonders schönen aufzuspüren.

Wankerfleck und Geiselsteinjoch
Höhenwege in den westlichen Ammergauern

Entscheidung in den Ammergauer Alpen

Der Wankerfleck im Naturschutzgebiet Ammergauer Alpen ist eine Bergwiese auf 1148 Meter Höhe inmitten steil aufragender Felsgipfel. Die kleine Kapelle dort gibt einen reizvollen Vordergrund zum steil aufragenden Geiselstein, dem „Matterhorn der Ammergauer Alpen", ab. Diesen Felsgipfel wollen wir zwar nicht besteigen – zu anspruchsvoll –, aber auf einem schönen Höhenweg umrunden. Als Stützpunkt könnten wir die eine halbe Gehstunde oberhalb gelegene Kenzenhütte nutzen, eine in herrlicher Umgebung liegende ehemalige Jagdhütte.

Anfahrt

Mit dem Auto: Von München über Weilheim und Schongau nach Steingaden und Halblech. Dann weiter in Richtung Füssen, bis rechts ein Schild zum Wanderparkplatz „Kenzen" weist.

Tourist-Info

Gästeinformation Halblech
Bergstraße 2a
87642 Halblech
Telefon: 0 83 68 / 285
Internet: www.halblech.de

Höhenunterschied

Für die Geiselsteinrunde 650 Hm; für den Vorderscheinberg 580 Hm; jeweils im Auf- wie im Abstieg.

 Gehzeiten

Von Halblech zur Kenzenhütte mit dem Pendelbus. Von der Kenzenhütte zum Geiselsteinjoch 1 ½ Std., Abstieg zum Geiselsteinjoch 1 ¼ Std., Anstieg zur Kenzenhütte ½ Std. Gesamtgehzeit: 3 ¼ Std. – Gipfelabstecher zum Vorderscheinberg von der Kenzenhütte 2 Std., Abstieg zur Kenzenhütte 1 ¼ Std.

 Einkehr & Übernachtung

Kenzenhütte (1300 m), privat, bewirtschaftet während der Osterferien, dann ab 1. Mai bis Mitte Oktober, kein Ruhetag, 65 Lager; Tel. 0 83 68 / 390.
Gaststätten in Halblech (**Gasthaus Adler, Alpengasthof Geiselstein**).

KARTE

Topographische Karte 1:50 000 „Füssen" (LDBV)

Mit Bahn & Bus: Relativ umständlich. Mit der Deutschen Bahn bis Füssen, dann mit dem RVO-Bus von dort nach Halblech.

 Ausgangs- / Endpunkt

Wanderparkplatz am Eingang ins Halblechtal (825 m) südlich von Halblech; dort fährt auch der „Kenzenbus" ab.

 Charakter

Von Halblech bis zur Kenzenhütte Wirtschaftsstraße, daher besser mit dem Bus. Die Runde um das Geiselsteinjoch erfolgt überwiegend auf Bergsteigen. Trittsicherheit und Schwindelfreiheit erforderlich. Wir können jedoch unsere Zeit auch am Wankerfleck verbringen und die Gipfel Gipfel sein lassen. Oder bleiben eine Nacht auf der Kenzenhütte und machen einen kurzen Abstecher zum Vorderscheinberg und genießen – am besten am Vormittag – den Blick von dort oben auf diesen prächtigen Hochkessel mit den umliegenden rauen Gipfeln.

Der Wasserfall kurz nach der Kenzenhütte

⚟ Die Rundtour

Den langen Hatscher (immerhin 12 Kilometer lang) von Halblech hinauf zur Kenzenhütte vermeiden wir natürlich in bequemer Weise mit dem Kenzenbus. So haben wir auch – falls wir nicht auf der Hütte übernachten wollen – genügend Zeit für unsere Höhenrunde. Von der Kenzenhütte nehmen wir den Bergweg in Richtung Kenzensattel (1650 m; Ausschilderung „Maximiliansweg"). Vorbei an großartigen Wasserfällen steigen wir zu dem Sattel an, der den Kenzenkopf von der Hochplatte trennt. Hier haben wir häufig Gelegenheit, ganze Rudel von Gämsen zu beobachten. Anschließend geht es hinab ins wilde Gumpenkar, einen weltvergessenen Hochtalkessel. Auf der anderen Seite (wir verlassen hier den Maximiliansweg wieder) geht es dann wieder hoch über schmale Steige ins Geiselsteinjoch (1729 m). Beeindruckt stehen wir vor den gewaltigen Felsen des Geiselsteins, bevor wir uns an den Abstieg zum Wankerfleck machen. Etwas unterhalb treffen wir auf den quer führenden Prinzregentensteig, dem wir über zahlreiche Serpentinen durch Nadelwald hinab zur großen Almwiese folgen. Im Talboden angekommen, queren wir hinüber zum Fahrweg, wo wir dann entweder auf dem E 4 durch den Jägerwald zur Kenzenhütte ansteigen oder mit dem Kenzenbus hinab ins Tal fahren.

⛰ Der Gipfelabstecher

Diese kleine Gipfelrunde ist zwar technisch nicht schwierig, setzt aber einen trittsicheren und schwindelfreien Bergwanderer voraus. – Von der Kenzenhütte folgen wir zunächst dem ausgeschilderten Wanderweg hinauf zum Bäckenalmsattel (1536 m). Dort nehmen wir den rechts abzweigenden Bergsteig (Mark. „M"), der uns über zahlreiche Serpentinen hinauf zum Rand eines großen Kessels führt, jenseits kurz hinab – im Sommer schöne Alpenrosenfelder – und durch die Westflanke des Hasentalkopfs auf schmalem Steig hinauf zum Scheinbergjoch (1764 m). Rechts geht es von dort direkt auf den Vorderscheinberg zu, den wir im letzten Stück über den ausgesetzten Ostgrat erreichen. Schöne Ausblicke auf den Hochtalkessel rund um die Kenzenhütte und auf die dominante Hochplatte. Wieder zurück zum Scheinbergjoch und rechts steil hinab zum Lösertaljoch (1682 m). Dort wiederum rechts und der Markierung des Maximilianswegs folgend hinab zur Kenzenhütte.

✈ Variante am Wankerfleck

Nach dem Abstieg vom Geiselsteinjoch können wir am Wankerfleck uns links haltend noch ein Stück talwärts wandern, so erreichen wir den reizvollen Ebenwald mit seinem alten

Blick zurück zum Kenzensattel

Begeisterung trotz Nebel und Regen

Abstieg zum Wankerfleck

Bestand an Ahornbäumen. Unser Weg führt dabei hinüber zum Forstweg ins Lobenthal, folgt diesem ein Stück nach links und führt rechts auf Wanderweg durch den Ebenwald.

Der Extra-Tipp

Von Mitte Mai bis Anfang Oktober verkehrt zwischen dem Parkplatz Halblech am Eingang ins Halblechtal, dem Wankerfleck und der Kenzenhütte der „Kenzenbus". Auffahrt von Montag bis Freitag um 8 Uhr, 9 Uhr, 10 Uhr, 11 Uhr, 13.30 Uhr, 17 Uhr. Talfahrt ab 10.30 Uhr, 14 Uhr, 16 Uhr, 17.30 Uhr. Samstag und Sonntag ist die erste Fahrt bereits um 7 Uhr. Kinder bis einschließlich 5 Jahren sind frei, bis 10 Jahren 50 Prozent Ermäßigung. Tel. 0 83 68 / 550 oder 285.

Der Jahreszeiten-Tipp

Der Sommer eignet sich für diese Tour besonders deshalb, weil die Almwiesen des Wankerflecks dann in schönster Blüte stehen. Im Frühsommer sind die Bergbäche noch gut gefüllt und über die Wasserfälle rund um den Wankerfleck und die Kenzenhütte rauschen spektakuläre Wassermassen zu Tal. Außerdem sind erst dann die Übergänge schneefrei und ohne Problem zu begehen. Auch die Kenzenhütte ist erst ab Pfingsten geöffnet. Falls wir ungeduldig sind, starten wir unsere Wanderung schon im späten Frühjahr.

Steinkunst am Halblech

Blick vom Söllerkopf ins Kleinwalsertal

Das Fellhorn in den Allgäuer Alpen ist der höchste Allgäuer Flyschgipfel, was wiederum bedeutet, dass diese geomorphologischen Voraussetzungen ihn zu einem idealen Berg für Blumen und Kräuter macht. Ja, für viele gilt er als der schönste Blumenberg der Allgäuer Alpen. Im späten Frühjahr und im Hochsommer empfängt uns dort oben eine verschwenderische Fülle an seltenen Alpenblumen, Kräutern und Orchideen. Ab Ende Juni erwartet uns an seinen Hängen zusätzlich ein Meer von Alpenrosen. Daher ist das Fellhorn auch in großen Teilen als Naturschutzgebiet ausgewiesen. Der Name Fellhorn ist übrigens noch nicht sehr alt, noch bis zur Mitte des 19. Jahrhunderts war dieser Gipfel bekannt als Schlappolter Spitz, was seiner tatsächlichen Form aber gar nicht gerecht wurde. Der ausgeschilderte Fellhornweg führt uns in einer großartigen Kehre hinauf zum Gipfel. Anschließend machen wir die Runde komplett und wandern auf einem großartigen Höhenweg über den Schlappoltkopf hinüber zur Schlappoltalpe. Auf unserer schönen und beliebten Runde berühren wir auch zwei beliebte Einkehralpen: die Obere Bierenwangalpe und die Schlappoltalpe, Deutschlands größte Sennalpe, auf der täglich über 1000 Liter Milch zu würzigem Bergkäse verarbeitet werden. Anschließend bummeln wir hinüber zum Schlappoltsee und weiter zur Mittelstation der Bergbahn, dem Ausgangspunkt unserer Wanderung.

⊘ KARTE

Topographische Karte 1:50 000
„Allgäuer Alpen" (LDBV)

Auch im Sommer bequem: die Fellhornbahn

🚐🚙 Anfahrt

Mit dem Auto: Auf der A 7 über Kempten zum Autobahndreieck Allgäu, dann weiter in Richtung Isny nach Waltenhofen; von dort auf der B 19 über Immenstadt, Sonthofen und Fischen nach Oberstdorf; dort rechts am Ort vorbei in Richtung Kleinwalsertal und der Ausschilderung zur Fellhornbahn nach Faistenoy folgen. Großer, gebührenpflichtiger Parkplatz an der Talstation.

Mit Bahn & Bus: Mit der Deutschen Bahn bis Oberstdorf, dann mit dem regelmäßig verkehrenden Bus zur Talstation der Fellhornbahn.

⛰ Bergbahn

Die Fellhornbahn verbindet in zwei Sektionen die Talstation (910 m) mit der Bergstation (1917 m), knapp unterhalb des Fellhorngipfels. Wir fahren nur bis zur Mittelstation (Schlappoltsee; 1780 m), denn dort beginnt und endet unsere Wanderung. Fahrzeiten im Sommer: 9–16.50 Uhr. Info-Telefon: 0 700 / 555 33 888.

⛰ Ausgangs- / Endpunkt

Mittelstation der Fellhornbahn (1780 m).

🧗 Charakter

Über die Obere Bierenwangalpe zum Fellhorngipfel breiter Wanderweg. Der Kammweg über den Schlappoltkopf zur Schlappoltalpe ist ein Bergpfad und erfordert Trittsicherheit. Bei Nässe gefährlich, Rutschgefahr. Die Rückkehr von dort zur Mittelstation erfolgt auf Almfahrweg.

☎ Tourist-Info

Tourist-Information Oberstdorf Haus
Prinzregentenplatz 1
87561 Oberstdorf
Telefon: 0 83 22 / 70 00
Internet: www.oberstdorf.de

Arnika

Der Ausblick von der Bergstation der Fellhornbahn

 Höhenunterschied

280 Hm im Auf- wie im Abstieg.

 Gehzeiten

Von der Mittelstation der Fellhornbahn (1780 m) über die Obere Bierenwangalpe und den Gundsattel zum Fellhorngipfel 1 ½ Std.; Übergang vom Fellhorn zur Schlappoltalpe 1 ½ Std.; Rückkehr zur Mittelstation ½ Std. Gesamtgehzeit: 3 ½ Std.

 Einkehr & Übernachtung

Obere Bierenwangalpe (1737 m), während der Weidesaison bewirtschaftet.
Schlappoltalpe (1700 m), von Anfang Juni bis Anfang/Mitte Oktober (je nach Witterung) bewirtschaftet.
Selbstbedienungsrestaurant in der Mittelstation sowie in der Bergstation der Fellhornbahn. Wer übernachten will, findet im **Kanzelwandhaus** (1519 m) der „Naturfreunde" (TVN) leider keinen Unterschlupf mehr. Stattdessen bietet sich der Birgsauer Hof in der nahe gelegenen Birgsau an (Tel. 0 83 22/96 980). Zufahrt für Gäste erlaubt.

 Der Rundweg

Wir starten unsere Wanderung an der Mittelstation der Fellhornbahn. Ein breiter Wanderweg leitet uns in gemütlicher Steigung durch einen freien, von zahllosen Blumen bzw. Alpenrosen übersäten Berghang hinauf zur Oberen Bierenwangalpe (1737 m), einer erstmals im 16. Jahrhundert erwähnten Galtalpe, auf der während der Weidesaison nur Jungrinder gehalten werden. Eine kleine Terrasse mit freiem Blick über die Allgäuer Bergwelt und eine schmackhafte Brotzeit verlocken bereits hier zu einem längeren Aufenthalt. Der Gundsattel (1800 m) ist bald erreicht und bietet uns einen Panoramablick auf das Kleinwalsertal. Er stellt den tiefsten Einschnitt zwischen dem Fellhorn und der Kanzelwand dar. Im Frühsommer erleben wir hier eine rote Pracht von Alpenrosen. Die Kammlinie ist auch die Grenze zwischen Bayern und Vorarlberg. Uns rechts haltend wandern wir dann weiter auf dem breiten, begrasten Kamm in Richtung Fellhorn. Nach der Bergstation der Fellhornbahn ist es nicht mehr weit zum Gipfel selbst, der mit einem großen, aber schlichten Holzkreuz geschmückt ist. Vor uns liegt der lange Höhenzug, der sich bis zum Söllereck zieht; rechts vor uns erkennen wir Oberstdorf. Alle wichtigen Allgäuer Gipfel liegen vor unseren Augen. Zur besseren Identifizierung nehmen wir eine gute Wanderkarte mit. Im Südwesten erkennen wir den Biberkopf, im Süden den Großen Krottenkopf, die Trettachspitze und die Mädelegabel. Besonders beeindruckend ist dabei der Hohe Ifen jenseits des Kleinwalsertals mit seiner charakteristischen Form sowie das weite Karrenfeld des Gottesackerplateaus rechts daneben. Dann verlassen wir das Fellhorn und folgen jenseits des Gipfels einem schmalen Pfad hinab, durchschreiten einen Sattel und steigen zum Schlappoltkopf (1968 m) an. Auf der Kammhöhe schlendern wir auf einem aussichtsreichen, leicht fallenden Weg dahin. Auf der Höhe des Söllerkopfs zweigt dann rechts ein ausgeschilderter Pfad ab, der uns steil hinab zur Schlappoltalpe bringt. Die denkmalgeschützte Alp ist Deutschlands höchstgelegene und wohl auch größte Sennalpe. Wenn wir zur richtigen Zeit kommen (von Ende Juni bis etwa Ende August gibt es jeden Dienstag geführte Käsereibesichtigungen), dann können wir dem Senn bei der Zubereitung des Bergkäses zusehen. Neben knapp 90 Kühen gibt es dort oben auch einen Stier, 40 Schweine, 20 Hühner und einige Ziegen. Die Alpe wird seit über 300 Jahren genossenschaftlich geführt. Viehscheid, also der Abtrieb der Tiere, ist wegen der hohen Lage bereits um den 10. September, die Einkehralpe ist jedoch bis in den Oktober hinein bewirtschaftet.

Auf dem breiten Alpweg wandern wir dann anschließend nahezu eben hinüber zum Schlappoltsee, bei dem wir noch einen kurz Aufenthalt einlegen, dann steigen wir recht steil das kurze Wegstück hinauf zur Mittelstation der Fellhornbahn (1780 m).

Variante

Falls wir die gesamte Strecke nicht laufen wollen, können wir die Tour auch am Fellhorngipfel abbrechen, zur Bergstation hinabwandern (und dann ins Tal fahren) oder auf dem breiten Wanderweg hinab zur Mittelstation laufen. Von dort ist es nicht weit zum Schlappoltsee, wo wir einen entspannten Nachmittag verbringen können.

Blumenparadies Fellhorn

Der Jahreszeiten-Tipp

Die hier vorgestellte Wanderung ist am schönsten, wenn die Hänge des Fellhorns in voller Blüte stehen, und das ist natürlich aufgrund der hohen Lage erst im Spätfrühjahr und dem Sommer der Fall. Dann ist auch die Blüte der Alpenrose, für die das Fellhorn besonders gerühmt wird, in vollem Gange. An der Mittelstation der Fellhornbahn (Schlappoltsee) beginnt ein Blumen- und Wanderlehrpfad (der Fellhornweg), der, ausgestattet mit sechs Info-Säulen, über die Obere Bierenwangalpe und den Gundsattel zur Bergstation der Fellhornbahn führt (Achten Sie auf das Zeichen der „Fellhornmaus"!). Am Fellhorn gibt es geführte geologische und botanische Wanderungen (immer am Mittwoch, im Hochsommer auch am Freitag). Treffpunkt: an der Talstation der Fellhornbahn. Es ist dazu ein eigener Blumenführer erhältlich, den wir an der Kasse der Bergbahn erwerben können.

Herbst

Abstieg vom Hirschenlauf hinunter in den Kessel am Königssee

Auf der Ostseite des Königssees, hoch über dem tief eingeschnittenen alpinen Fjord, finden wir viel Wald, aber auch ausgedehnte Almwiesen. So ist die Gotzenalm bis heute das größte Almgebiet des Berchtesgadener Landes. Darüber erheben sich die einsamen Gipfel des Hagengebirges, die für ihren Wildreichtum bekannt sind. Unsere abwechslungsreiche Wanderung starten wir – um zu Beginn etwas Höhe zu sparen – an der Jennerbahn-Mittelstation und wandern anschließend aufs Priesberger Moos mit der gleichnamigen, bewirtschafteten Alm. Von dort leitet uns ein interessanter Steig, der untere Hirschenlauf, hinüber zur Gotzenalm. Auf dem weitläufigen Almgelände finden wir zwei weitere bewirtschaftete Almen vor, den Ruppenkaser und

den Springlkaser, der aber seine ursprüngliche Funktion aufgegeben hat. Zum Abschluss der Tour setzen wir uns dann am Haltepunkt Kessel ins Elektroboot und lassen uns bequem nach Königssee zurückschippern.

Anfahrt

Mit dem Auto: Auf der Salzburger Autobahn (A 8) bis zur Ausfahrt Piding, dann auf der B 20 über Bad Reichenhall, Bischofswiesen und Berchtesgaden nach Königssee. Wir parken auf dem gebührenpflichtigen Großparkplatz. Von dort sind es nur wenige Minuten zur Talstation der Jennerbahn.

Mit Bahn & Bus: Mit der Deutschen Bahn bis zum Bahnhof in Berchtesgaden; von dort weiter mit dem RVO-Bus nach Königssee.

KARTE

Topographische Karte 1:50 000
„Berchtesgadener Alpen" (LDBV)

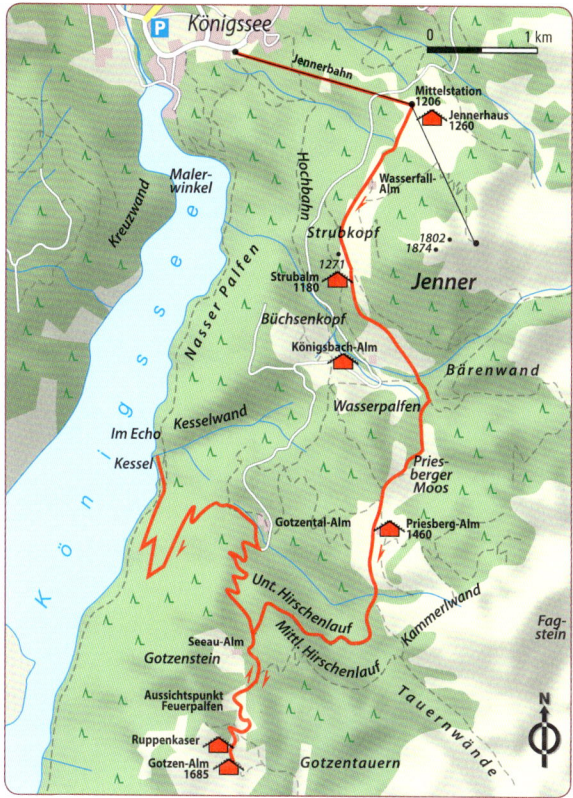

Ausgangs-/Endpunkt

Großparkplatz in Königssee (620 m).

Bergbahn

Die Jennerbahn ist eine Kleinkabinenbahn, die den Talort Königssee in zwei Sektionen mit dem Jennergipfel verbindet (die Bergstation ist etwas unterhalb des höchsten Punktes). Betriebszeiten während der Wandersaison:

Tourist-Info

Verkehrsamt
Rathausplatz 1
83471 Schönau am Königssee
Telefon: 0 86 52/17 60
Internet: www.koenigssee.com

vom 1. Mai bis 31. Oktober von 9–16.30 Uhr, im Sommer bis 17 Uhr. Tel. 0 86 52/958 10.

Charakter

Zu Beginn breite Wanderwege bzw. Almfahrwege, der Untere Hirschenlauf ist ein mit Treppen und Drahtseilen gesicherter Steig, der Trittsicherheit und Schwindelfreiheit voraussetzt. der Weiterweg zur Gotzenalm wie auch der gesamte Abstieg zum Kessel verläuft auf Wirtschaftswegen bzw. einem ehemaligen Reitweg.

Höhenunterschied

830 Hm im Aufstieg und 1200 Hm im Abstieg.

Gehzeiten

Von der Jennerbahn-Mittelstation zur Priesbergalm 1 ½ Std., Weiterweg zur Gotzenalm 2 ½ Std., Abstieg über die Gotzentalalm zum Kessel 2 Std. Gesamtgehzeit: 6 Std.

Der Abstieg führt durch schöne Bergwälder

Die Gotzentalalm

Früher Schnee in den Berchtesgadener Alpen

Einkehr & Übernachtung

Jennerhaus (1260 m) des (Dr.-Hugo-Beck-Haus), außer November ganzjährig bewirtschaftet, Dienstag Ruhetag, 38 Betten; Tel. 0 86 52 / 27 27.
Strubalm (1180 m), privat, im Sommer einfach bewirtschaftet.
Priesbergalm (1460 m), privat, im Sommer einfach bewirtschaftet. Ruppenkaser (1680 m), privat, im Sommer einfach bewirtschaftet.
Springlkaser (1685 m) privat, bewirtschaftet von Pfingsten (Ende Mai) bis Mitte Oktober, 56 Betten und 45 Lager; Tel. 0 86 52 / 69 09 00.

Sonne tanken vor dem nahen Winter

Die Route

Von der Mittelstation der Jennerbahn folgen wir sogleich der Ausschilderung „Königsalm" und wandern auf einem breiten Panoramaweg leicht bergan durch die Südseite des Jenners. Rechter Hand beeindruckt uns immer wieder die Ostwand des Watzmanns. Wir sind noch nicht lange unterwegs, da lockt uns schon die Strubalm, die wenige Meter unterhalb des Wanderwegs liegt. Anschließend passieren wir ein kleines Wäldchen, halten uns bei der folgenden Wegverzweigung rechts (geradeaus) und genießen weiterhin die schönen Ausblicke. Unser Weg senkt sich etwas ab, quert den Königsbach und trifft dann auf die Wegverzweigung oberhalb der Königsbachalm. Hier halten wir uns links – lassen also die Königsalm rechts unten liegen und treffen auf eine Wegkreuzung (links zweigt hier der Wirtschaftsweg zum Schneibsteinhaus ab). Wir halten uns rechts und steigen über ein paar Kehren hinauf zur Branntweinbrennhütte, die mit etwas Glück besetzt ist. Dann folgen wir weiter im Auf und Ab des Almwegs hinauf zur Priesbergalm (1460 m), die jedoch möglicherweise zu dieser Zeit nicht mehr bewirtschaftet ist. Falls doch, lassen wir uns auf den Freisitzen nieder und genießen den Blick auf den Watzmann, die alles dominierende Berggestalt des Berchtesgadener Landes. Nach der Priesbergalm wird der Weg schmal. Wir überqueren die Almwiesen in südlicher Richtung, steigen dann in den Graben hinab zu einer Wegverzweigung (rechts geht es hinauf zum Seeleinsee). Ab hier beginnt ein anspruchsvoller Steig, der Untere Hirschenlauf, der uns über zahlreiche Treppenstufen hinüber zur verfallenen Seeaualm leitet. Dort treffen wir auf den breiten Almweg, der uns nun linker Hand, in weiten Kehren, hinauf zum weiten Almgelände der Gotzenalm bringt. Unsere Anlaufstellen – die beiden Kaser – sind leicht auszumachen. Darüber erheben sich links die Gipfel des Hagengebirges, gerade vor uns erstreckt sich das Steinerne Meer, an dessen Ende die Firnfelder der Übergossenen Alm, ein Plateaugletscher, herüberblinkt. – Der Abstieg: Auf dem breiten Almweg wieder zurück zur Einmündung des Unteren Hirschenlaufes, dort weiter geradeaus und in Kehren hinab zur Gotzentalalm (1110 m). Kurz davor zweigt linker Hand der ausgeschilderte ehemalige Reitsteig ab, der uns zuerst in direkter Linie, dann in weiten Kehren hinab zur Bootsanlegestelle am Königssee leitet.

Warten auf das Schiff, das uns zurückbringt

◀📣 Der Extra-Tipp

Gleich in der Nähe der Gotzenalm (der Weg dorthin ist ausgeschildert) gibt es einen herrlichen Aussichtspunkt mit Blick auf den Königssee und hinüber zu St. Bartholomä, den wir uns nicht entgehen lassen dürfen. Von unserem Anstiegsweg ist es nur eine gute Viertelstunde zur gut abgesicherten Aussichtskanzel Feuerpalfen (1741 m).

◀📣 Der Jahreszeiten-Tipp

Die Gotzenalm mit den umliegenden Gipfeln des Hagengebirges und der Röth sind ein veritables Jagdrevier für Rotwild und Steinböcke. Im Herbst haben wir daher die Gelegenheit, die Hirschbrunft aus nächster Nähe zu erleben. Wenngleich wir der Tiere vermutlich nicht ansichtig werden sollten, das Röhren der Hirsche ist aber weithin zu vernehmen. Diese Tour hoch über dem Königssee vermittelt besonders im Herbst wegen der dann meist klaren Luft fantastische Panoramablicke auf den Watzmannstock, das Steinerne Meer und den Hochkönig. Am besten unternehmen wir die Tour in der ersten Oktoberhälfte, dann ist die Springlkaser noch bewirtschaftet und wir haben die Gelegenheit, eine Nacht dort oben zu verbringen. Ob wir dann jedoch durchschlafen können? Gewiss ist es nicht!

Blick auf die Höfe der Ramsau

Über den Fischbachfall zum Sonntagshorn
Eine Talwanderung und ein überraschender Panoramablick

Sonnenuntergang auf dem Sonntagshorn

Diese Tour ist – zugegeben – etwas lang. Aber die Fülle der Eindrücke und das Bewusstsein, dass wir am Ende unseres Aufstiegs auf dem höchsten Gipfel der Chiemgauer Alpen stehen werden, beflügelt uns ganz bestimmt. Außerdem wäre natürlich zu überlegen, ob wir für diesen Ausflug nicht eine Übernachtung in Heutal einplanen sollten. Immerhin erwarten uns dort zwei Gasthäuser. Der abwechslungsreiche Weg führt uns zunächst durch Wald, dann über den Fischbach- und Staubfall hinauf zum Heutal mit schönem Blick nach Süden. Wer nur eine schöne und nicht zu lange Wanderung sucht, kann hier umkehren. Wir anderen lassen uns aber den Gipfel nicht entgehen und steigen anschließend hinauf zu seinem höchsten Punkt.

Anfahrt

Mit dem Auto: Auf der Salzburger Autobahn (A 8) bis zur Ausfahrt Siegsdorf, dann über Ruhpolding bis zur Siedlung Laubau an der Deutschen Alpenstraße; dort links ab zum Holzknechtmuseum, wo sich ein großer Wanderparkplatz befindet.

Mit Bahn & Bus: Mit der Bahn auf der Strecke München–Salzburg bis Traunstein, dort umsteigen in den Regionalzug nach Ruhpolding.

Tourist-Info

Tourist-Information Ruhpolding
Hauptstraße 60
83324 Ruhpolding
Telefon: 0 86 63 / 88 060
Internet: www.ruhpolding.de

⊘ KARTE

Topographische Karte 1:50 000
„Chiemsee – Chiemgauer Alpen" (LDBV)

Vom Bahnhof fahren RVO-Busse nach Reit im Winkl, wir steigen jedoch bereits an der Bushaltestelle in Laubau aus.

Ausgangs-/Endpunkt

Wanderparkplatz Laubau (705 m).

Charakter

Von Laubau bis zum Talschluss des Fischbachtals Wirtschaftsweg, dann teilweise steiler, mit Geländer gesicherter Steig ins Heutal. Für die obere Passage muss Trittsicherheit und Schwindelfreiheit vorausgesetzt werden.
Gipfelweg zum Sonntagshorn: Zu Beginn Almfahrweg, dann Bergwanderweg. Am Gipfel Vorsicht wegen des Steilabbruchs nach Norden.

Höhenunterschied

1260 Hm im An- wie im Abstieg.

 Gehzeiten

Von der Laubau ins Heutal 2 ¼ Std.; vom Heutal aufs Sonntagshorn 3 Std., Rückkehr zum Heutal 2 Std., Abstieg zum Ausgangspunkt 1 ¾ Std. Gesamtgehzeit: 9 Std.

Einkehr & Übernachtung

Jausenstation Hochalm (1430 m), privat, von Juni bis Oktober durchgehend bewirtschaftet, danach an den Wochenden.

Alpengasthof Heutal (960 m), ganzjährig bewirtschaftet, Übernachtung möglich; Tel. 00 43/65 89/82 16. Außerdem gibt es noch das Hotel Heutaler Hof.

Der Staubfall auf dem Weg zum Sonntagshorn

Abendstimmung in den Chiemgauer Alpen

Der Anstieg aus der Laubau

Vom großen Parkplatz beim Holzknechtmuseum folgen wir zunächst der asphaltierten, aber gesperrten Straße geradeaus in Richtung Süden, bis nach 10 Minuten der Weg zur „Fuchswiese" abzweigt. Dort halten wir uns rechts und an der quer führenden Forststraße bei der Fuchswiese links. Nun wandern wir auf einem Wirtschaftsweg in das Fischbachtal hinein, bis wir den Wendeplatz für die Stellwagen erreichen. Dort beginnt ein schmaler Wanderweg, der uns durch Wald höher führt. Der Weg wird zum schmalen Steig und führt uns in Serpentinen hinauf zum sprühenden Staubfall, dessen Wasser 200 Meter tief hinabfällt. Ein Dach schützt uns jedoch bei seiner Unterquerung. Auf dem weiterhin gesicherten Steig kommen wir dann zu den Kaskaden des Fischbachfalls. Nun haben wir bald die kleine Hochsiedlung Heutal erreicht. Wir wenden uns nach links, treffen auf einen Fahrweg und wandern vor zur Landesstraße (das Hotel Heutaler Hof befindet sich dabei rechts).

Der Anstieg zum Sonntagshorn

Wir folgen dann dieser Fahrstraße talauswärts, gehen am Gasthof Heutal vorbei und biegen dann bald (bei der zweiten Abzweigung nach links) in ein geteertes Ortssträßchen ein; bei der Weggabelung halten wir uns rechts und wandern auf einem Kiesweg weiter bis zum Ende der Bebauung. Daran schließt sich ein markierter Wanderweg an, dem wir durch Wald und über Bergwiesen zu den auf einem Geländeabsatz stehenden Almhütten mit der Jausenstation Hochalm folgen. Nach einer kleinen Stärkung gehen wir links an der Hütte vorbei und wandern höher bis zum Fuß des Gipfelaufbaus. Dort beginnt ein leichter Bergsteig, der uns – wir halten uns rechts – zum Südostrücken des Sonntagshorns leitet. Dort wenden wir uns nach links und steigen über Bergwiesen und durch Latschen zahlreiche Serpentinen hinauf zum Gipfel.

Der Abstieg

Die Rückkehr in die Laubau erfolgt dann wieder auf der Anstiegsroute.

◀❲: Der Jahreszeiten-Tipp

Zuallererst soll hier die Aussicht genannt werden. Denn immerhin führt diese Wanderung auf den höchsten Gipfel der Chiemgauer Alpen. Und das Sonntagshorn hat den Vorzug einer Insellage. Es erwartet uns also ein Rundumpanorama: Im Osten brechen die Berchtesgadener Alpen mit ihren steilen Felswänden ab. Im Süden erheben sich die Loferer Steinberge, im Westen baut sich das Kaisergebirge auf und im Norden schauen wir über die Vorberge hinweg auf das Alpenvorland. Da der Gipfelanstieg über seine Südseite erfolgt, kann es im Sommer ganz schön heiß werden, also unternehmen wir die Tour am besten im Herbst.

Deftige Brotzeit auf der Hochalm

◀❲: Der Extra-Tipp

Am Ausgangspunkt unserer Wanderung in Laubau liegt das sehenswerte Holzknechtmuseum. Im Museumsgebäude sowie im Freigelände, auf dem einige original nachgebaute Holzknechthütten stehen, können wir realistisch nachvollziehen, unter welchen Bedingungen die Holzarbeit in den letzten Jahrhunderten erledigt werden musste, die vor allem für den Brennholz-Nachschub für die Salinen notwendig war. Öffnungszeiten: Von Mai bis Ende Oktober von Dienstag bis Sonntag von 10–17 Uhr. Tel. 0 86 63 / 639.

Es wird frisch auf dem Gipfel des Sonntagshorns

Warmes Licht bei kaltem Wind

Gute Stimmung auf der Hochalm

Leichte Wege im Bergener Moos

Das Bergener Moos ist ein Naturschutzgebiet am westlichen Ortsrand von Bergen und existiert seit der letzten Eiszeit. Es gehört zu den wertvollsten Moorflächen im gesamten Alpenvorland und weist auf einer Fläche von nur 111 Hektar allein über 60 Pflanzenarten auf, die auf der Roten Liste der Bayerischen Naturschutzbehörden für bedrohte Pflanzen verzeichnet sind. Ein reizvoller Rundwanderweg führt uns durch diese naturbelassene Landschaft vor der Kulisse der Chiemgauer Alpen.

Anfahrt

Mit dem Auto: Auf der Salzburger Autobahn bis zur Ausfahrt Bergen, dann weiter auf der Landstraße nach Bergen, bis zur Ortsmitte. Dort gibt es ausreichend Parkmöglichkeiten.
Mit Bahn & Bus: Mit der Deutschen Bahn auf der Linie München–Salzburg. Am Bahnhof Bergen halten jedoch nur Regionalzüge. Von dort weiter zu Fuß. Vom Bahnhof folgen wir dem schmalen Sträßchen rechts in Richtung Schlipfing und Rumgraben. Bei der ersten Weggabelung halten wir uns links (also nicht

unter der Bahnlinie durch) und treffen so auf den Moosrundweg (gute ½ Std.).

Ausgangs-/Endpunkt

Ortsmitte von Bergen (553 m) oder Bahnhof Bergen bei Bernhaupten.

Charakter

Leichte Wanderung im reizvollen Voralpenland auf bequemen Wanderwegen und Ortsverbindungssträßchen.

Höhenunterschied

40 Hm im Auf- wie im Abstieg, sind also zu vernachlässigen.

Gehzeiten

Für die gesamte Runde 3 Std.

 Einkehr & Übernachtung

Unterwegs keine. Gaststätten in Bergen. Falls wir eine kleine Autofahrt nicht scheuen, können wir in Richtung Siegsdorf fahren und dem einsam gelegenen **Klostegasthof Maria Eck** einen Besuch abstatten.

Wasser, DAS Element im Bergener Moos

⊘ KARTE

Topographische Karte 1:50 000
„Chiemsee – Chiemgauer Alpen" (LDBV)

 ## Die Route

Von der Ortsmitte von Bergen wandern wir zunächst auf einem Ortssträßchen zum Ortsteil Weißachen. Dort biegen wir rechts in den ausgeschilderten Wanderweg (Mark.-Nr. 20) ein. Am Bach Weißachen geht es dann entlang, vorbei am Friedhof zum Bergener Moos. Auf unserem ausgeschilderten Weg überqueren wir nun bald zwei Bäche (kurz davor haben wir die Möglichkeit, in das Herz des Moors einzudringen, müssen aber auf demselben Weg wieder zurückwandern!) und gelangen dann an eine Weggabelung. Wir halten uns rechts und folgen dem schmalen Sträßchen nach Hautzenbichl. In gleicher Richtung geht es dann durch Wiesengelände weiter zum Weiler Rumgraben. Wir folgen dem Sträßchen

☎ Tourist-Info

Tourist-Information Bergen
Raiffeisenplatz 4
83346 Bergen
Telefon: 0 86 62 / 83 21
Internet: www.bergen.de

weiter und biegen bei der nächsten Gabelung rechts ab (links geht es weiter zum Bahnhof von Bernhaupten), wo uns ein Sträßchen über den Ortsteil Schellenberg wieder zurück nach Bergen bringt.

Blick von Rumgraben hinunter ins Moos

◀ Der Jahreszeiten-Tipp

Wir schlagen vor, dass Sie diese Wanderung im Herbst unternehmen, denn einerseits wird so die seltene, dort brütende Fauna dann am wenigsten beim Brüten gestört, andererseits entfaltet gerade eine Moorlandschaft im Herbst ihren ganz eigenen, morbiden Zauber. Außerdem ist dann die Luft klar und so wird uns ein herrliches Panorama der nahen Chiemgauer Berge geboten.

Für Abwechslung ist gesorgt

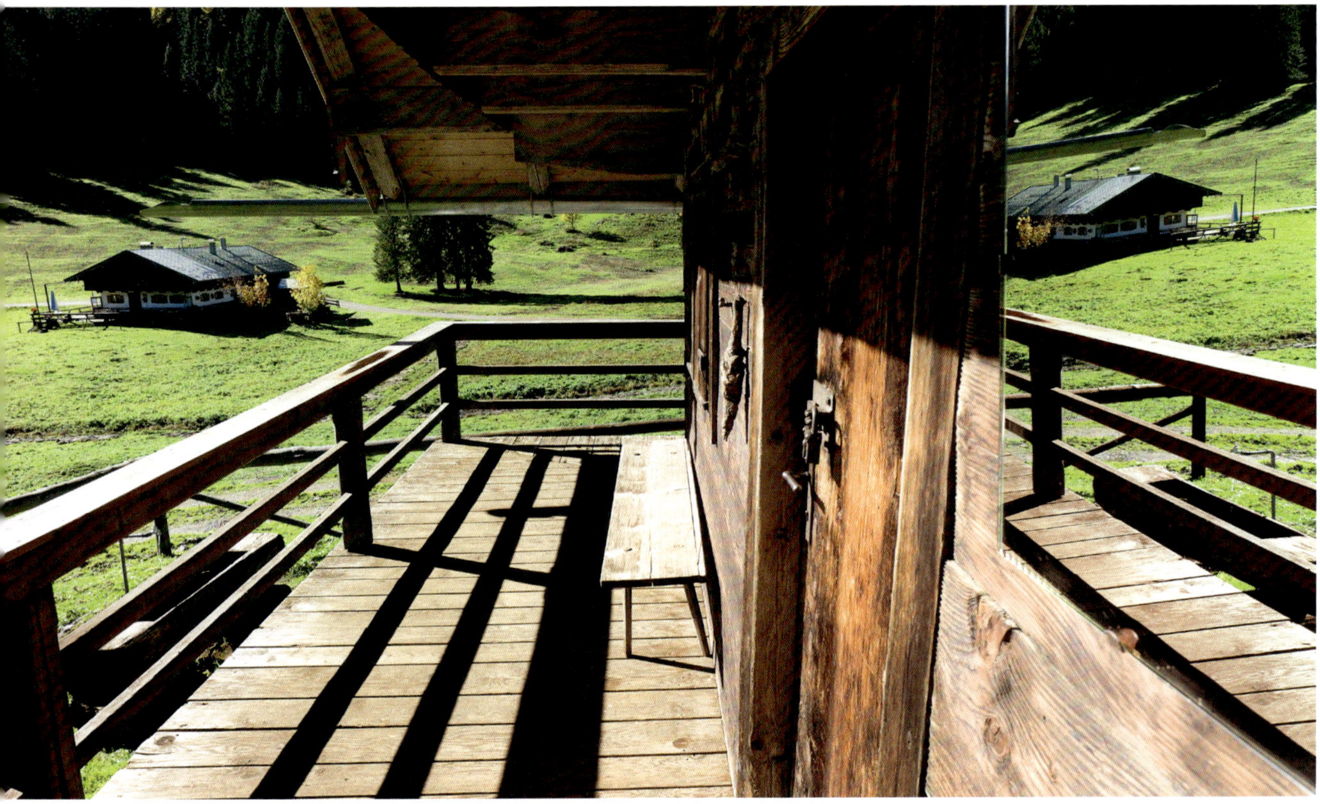

Die Schwarzentennalmen

Der Gipfelgrat der drei Kampen trennt den Isarwinkel von den Tegernseer Bergen. Obwohl diese drei Gipfel in der Regel nicht einzeln bestiegen werden, sondern als Überschreitung, und bergsteigerisch zu den interessantesten Touren in diesem Gebiet gehören, führen sie ein Dornröschendasein. Die Nachbargipfel Seekarkreuz auf der einen oder Fockenstein auf der anderen haben jeweils eine beliebte Einkehrmöglichkeit in Gipfelnähe zu bieten. Doch das soll uns nicht abschrecken, mit der Schwarzentennalm müssen auch wir nicht auf eine gute Brotzeit verzichten. Und falls wir es schaffen, die Tour an einem Sonntagmorgen zu unternehmen, wartet auf der Schwarzentennalm bereits der frische Schweinsbraten im Rohr.

Anfahrt

Mit dem Auto: Auf der Salzburger Autobahn (A 8) bis zur Ausfahrt Holzkirchen, dann auf der B 318 über Gmund, Bad Wiessee und Kreuth in Richtung Achensee. Etwa 2,5 Kilometer nach der Abzweigung nach Wildbad Kreuth befindet sich an der B 307 der Wanderparkplatz Winterstube bzw. besser kurz dahinter der Parkplatz Klamm.

Tourist-Info

Tourist-Information
Nördliche Hauptstraße 3
83708 Kreuth
Telefon: 0 80 29 / 99 79 080
Internet: www.kreuth.de

 Gehzeiten

Vom Wanderparkplatz Klamm zur Schwarzentennalm 1 ¼ Std.; Anstieg über die Rauhalm zum Sattel südlich des Brandkopfes 1 ½ Std., Übergang über die drei Kampen zum Hirschtalsattel 1 ½ Std., Abstieg zur Schwarzentennalm 1 ½ Std., Anstieg zum Wanderparkplatz Klamm 1 Std. Gesamtgehzeit: 7 Std.

Einkehr & Übernachtung

Schwarzentennalm (1027 m), nahezu ganzjährig bewirtschaftet, Ruhetag ist im Sommer am Donnerstag; Tel. 0 80 29 / 386.

An der Deutschen Alpenstraße befinden sich ein paar Gasthäuser (z. B. **Gasthaus Bayerwald**).

⦿ KARTE

Topographische Karte 1:50 000
„Mangfallgebirge" (LDBV)

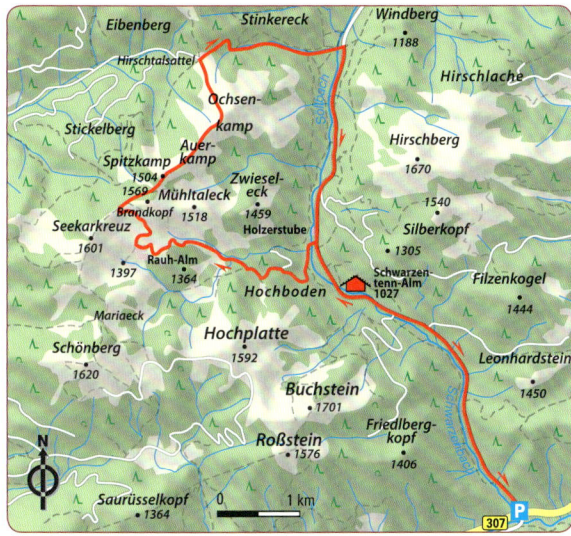

Mit Bahn & Bus: Mit der Bayerischen Oberlandbahn (BOB) von München über Holzkirchen und Gmund zum Endbahnhof in Tegernsee; von dort weiter mit dem RVO-Bus in Richtung Achensee bis zur Haltestelle Klamm.

Ausgangs-/Endpunkt

Wanderparkplatz Klamm an der Achenseepassstraße (830 m).

Charakter

Leichte Wanderung auf guten Wanderwegen bzw. Wirtschaftswegen (je nach Gusto). Lediglich der Übergang über die drei Gipfel erfolgt auf markierten Bergpfaden, die Trittsicherheit und Schwindelfreiheit voraussetzen.

Höhenunterschied

Zur Schwarzentennalm 200 Hm im Anstieg; für die Gipfelrunde 700 Hm im Auf- wie im Abstieg; insgesamt: 900 Hm.

Am Schwarzenbach

Die Route

Vom Wanderparkplatz Klamm folgen wir dem breiten Wirtschaftsweg mäßig ansteigend durch Wald und begleitet vom Rauschen des Schwarzenbachs zu den weiten Almwiesen der Schwarzentennalm. Die Einkehr sparen wir uns für die Rückkehr auf und wandern flott links an ihr vorbei, bis nach einer knappen Viertelstunde links der Almweg zur Rauhalm abzweigt. Diesem folgen wir 20 Minuten lang durch Wald in Kehren hinauf. Bei der zweiten Wegverzweigung halten wir uns links, queren einen weiteren Weg und halten uns bei der nächsten Verzweigung rechts (Wegweiser „Seekarkreuz", rote Markierung). Auf einem Bergwanderweg geht es dann hinauf in Richtung Rauhalm. Wir verlassen den Wald und wandern durch Almgelände weiter; zuletzt leitet uns ein Wirtschaftsweg direkt zur Rauhalm (1400 m) mit ihren vier Hütten (von denen eine im Winter von der Alpenvereinsektion Oberland als Selbstversorgerhütte genutzt wird). Von der Alm führt dann ein Almfahrweg hinauf zu einem Joch (1510 m) zwischen dem Seekarkreuz und dem Brandkopf. Dort folgen wir rechts dem Almweg einige Meter, bis rechts der Pfad zum Brandkopf (1569 m) abzweigt. Auf diesem hinauf zum Gipfel (wir könnten den Gipfel allerdings auch auf dem Almweg links umgehen). Dann jenseits durch Wald steil hinab zu einem Sattel, über den Almweg zur Mühltalalm hinweg und auf der anderen Seite steil hinauf zum Spitzkamp, der uns allerdings schon etwas fordert. Wir müssen etwas Hand anlegen (eine drahtseilgesicherte Stelle, Schwindelfreiheit erforderlich) und als kleines Highlight bietet er sogar eine kurze Leiter an. Dieser Abschnitt ist der anspruchsvollste der Gratüberschreitung. Anschließend geht es auf der Grathöhe hinüber zum Auerkamp. Den letzten Gipfel, den Ochsenkamp, erreichen wir in leichtem Auf und Ab auf dem Grat, wobei wir zum Gipfelkreuz einen kurzen Abstecher nach rechts machen müssen. Dann geht es durch Latschen und eine Bergwiese hinab zum Hirschtalsattel (1224 m). Dort halten wir uns rechts und wandern auf einem gutem Waldweg durch den Stinkergraben hinab ins Söllbachtal. Im Talgrund wenden wir uns rechts und schlendern nun ganz entspannt weiter zur Schwarzentennalm und auf dem Anstiegsweg hinab zu unserem Ausgangspunkt.

Maria und Maria von der Rauhalm

Menschen und Schafe, eine gute Kombination für die Berge

Blick vom Ochsenkamp bis hinüber zur Zugspitze

 ## Variante

Der Wanderweg entlang des Schwarzenbachs zur Schwarzentennalm kann variiert werden, um dem etwas langweiligen Wirtschaftsweg auszuweichen. Schon nach knapp 10 Minuten Gehzeit führt links ein Brückerl über den Bach und parallel zum Fahrweg wandern wir auf einem idyllischen Bergpfad (nicht in der Karte dargestellt) leicht ansteigend taleinwärts. Dort, wo der Hüttenweg zur Buchsteinhütte beginnt, treffen wir wieder auf unseren bereits bekannten Wirtschaftsweg.

Der Jahreszeiten-Tipp

Natürlich ist dies hier auch eine Sommertour, aber wir unternehmen sie besser im Herbst. Zum Ersten wegen der großartigen Aussicht in alle Richtungen, über das Isartal hinweg auf Brauneck und Benediktenwand, auf der anderen Seite sind dann einige der klassischen Tegernseer Gipfel quasi zum Greifen nahe und verlieren sich nicht in der diesigen Sommerluft: der Fockenstein, der Hirschberg, Roß- und Buchstein, der Leonhardstein. Zum Zweiten brennt uns dann die Sonne nicht so arg aufs Haupt, denn der Grat weist keinen Schatten auf.

Silberdisteln am Weg

Von Krün auf die Schöttelkarspitze
Eine großartige Runde in der Soierngruppe

Auf dem Weg zur Schöttelkarspitze

Die Soierngruppe im Vorkarwendel einmal anders, einmal von der einsamen Seite. König Ludwig II., der Märchenkönig, liebte auch dieses Gebirge, das so gar nichts Liebliches, ja eher einen rauen Charme verströmt. Auf die Schöttelkarspitze, unserem Tagesziel, ließ er einen Reitweg anlegen, auf dem Gipfel einen Pavillon bauen. Nichts davon ist mehr zu sehen. Wir wollen dieses Mal nicht von den Soiernhäusern, sondern von Krün direkt hinaufsteigen.

 ## Anfahrt

Mit dem Auto: Auf der Garmischer Autobahn (A 95) bis zu deren Ende, dann auf der B 2 nach Garmisch-Partenkirchen und weiter in Richtung Mittenwald; bei Klais nehmen wir dann die Abfahrt nach Krün. In der Ortsmitte von Krün, bei der Kirche, rechts ab und über die Fischbachstraße zum Wanderparkplatz kurz vor der Isar.
Mit Bahn & Bus: Mit der Deutschen Bahn bis Garmisch-Partenkirchen bzw. Klais, dann weiter mit dem RVO-Bus nach Krün. Oder mit der Bahn nach Kochel am See und über die Kesselbergstraße und den Walchensee weiter mit dem RVO-Bus nach Krün.

 ## Ausgangs-/Endpunkt

Wanderparkplatz kurz vor dem Isarufer in Krün (870 m).

 ## Charakter

Der Anstieg von Krün bis zur Ochsenalm im Seinsbachtal erfolgt auf Wirtschaftssträßchen, die Gipfelüberschreitung dann auf Bergsteigen, die vor allem im Gipfelbereich Trittsicherheit und Schwindelfreiheit voraussetzen. Der Abstieg ins Tal erfolgt dann wieder auf einer Forststraße.

 ## Höhenunterschied

1250 Hm im Auf- wie im Abstieg.

 ## Gehzeiten

Von Krün über die Ochsenalm zum Feldernkreuz 4 Std., Übergang zum Seinskopf 1 Std., Abstieg nach Krün 2 ½ Std. Gesamtgehzeit: 7 ½ Std.

 ## Einkehr & Übernachtung

Unterwegs keine. Verpflegung aus dem Rucksack. In Krün gibt es mehrere gute Gaststätten.

Der Anstieg von Krün

Vom Wanderparkplatz am Sägewerk in Krün halten wir uns zunächst rechts und wandern vor zur Isar, überqueren diese auf einer Brücke und folgen dann auf der anderen Seite (Wandertafel und Wegweiser) der rechts abzweigenden Forststraße (Mark.-Nr. 300/A1). Wir wandern immer geradeaus durch Wald (alle links abzweigenden Wege ignorieren wir).

KARTE

Topographische Karte 1:50 000
„Karwendelgebirge" (LDBV)

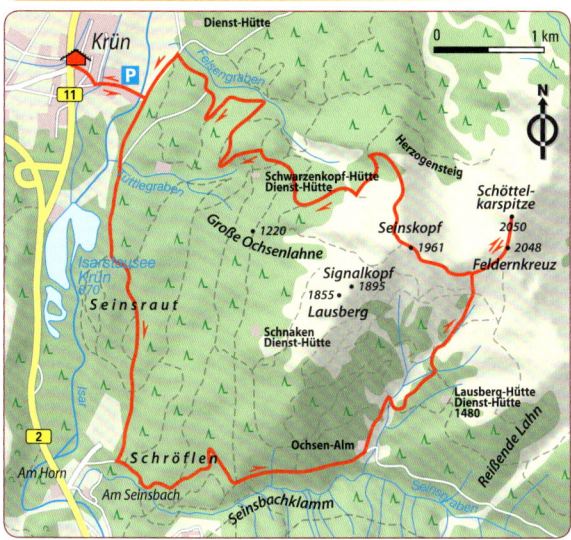

Vorbei am Isar-Stausee und einem Schieß-stand erreichen wir den quer führenden Wirt-schaftsweg, der linker Hand hinauf in Rich-tung Fereinalm und Krinner-Kofler-Hütte führt. Auf diesem eine gute halbe Stunde bergwärts, weiter oben hoch über der Seins-bachklamm, bis links der Steig (Mark.-Nr. 359) zur Schöttelkarspitze abzweigt. Seitlich eines Grabens hinauf, vorbei an der Ochsen-alm, dann auf die andere Seite über viele Ser-pentinen durch lichten Wald und Latschen-hänge rechts vom Feldergraben hinauf. Unser Steig biegt dann leicht nach links und erreicht über grasbewachsene Hänge und aus-gewaschene Gräben den Verbindungskamm zwischen Feldernkreuz und Seinskopf. Hier lassen wir uns den Abstecher zur Schöttel-

Tourist-Info

Tourist-Information
Dammkarstraße 3
82481 Mittenwald
Telefon: 0 88 23 / 339 81
Internet: www.mittenwald.de

karspitze nicht entgehen, auch wenn dieser etwas ausgesetzt ist. Wir halten uns rechts, steigen über Serpentinen hinauf zur Weg-verzweigung unter dem Feldernkreuz. Durch eine Felsscharte links hinab in einen Sattel in Richtung Schöttelkarspitze. Jenseits wieder hinauf zu einer Verzweigung und links weiter zum großen Gipfelkreuz.

Der Abstieg nach Krün

Wir wandern auf dem Anstiegsweg zurück, bis zur Einmündung unseres Steiges aus dem Seinsbachtal. Hier geradeaus weiter zum gra-sigen Seinskopf, den wir mit einem kleinen Abstecher vom Weg erreichen. Von dort wie-der zurück nehmen wir den steilen Weg links hinab zum Waldrand. Ein kurzes Stück durch diesen, dann treffen wir auf den quer führen-den Herzogensteig. Auf diesem links weiter, zunächst nahezu eben, jedoch durch einige To-bel, dann rechts hinab (Mark.-Nr. 357) durch Latschen und Wald zum Aussichtspunkt „Am Schwarzkopf". Kurz unterhalb dann rechts halten und mit der Markierung 355 rechts vor zum Felsengraben, dort links hinab – immer rechts haltend – zur Fischbachstraße. Auf die-ser wandern wir dann links hinab zu unserem Ausgangspunkt.

Der Jahreszeiten-Tipp

Diese Tour können Sie von Frühjahr bis Herbst unternehmen, und Sie werden allein sein. Wir ziehen jedoch den Herbst vor, denn am Weg liegen weder Almen noch bewirt-schaftete Hütten. Alles, was uns bleibt, ist die Aussicht. Und die ist am besten im Herbst: Der Blick von der Schöttelkarspitze hinab zu den Soiernsee, über den Soiernkessel hinweg auf die Karwendelgipfel, dann hinüber zum Wettersteingebirge. Lassen Sie sich fesseln von diesem Panorama!

Ahorn – diesmal nicht am Boden

Das nur von Bayern aus zugängliche Engtal im Karwendelgebirge ist vor allem wegen seiner Almwirtschaft – einer der größten im gesamten Österreich – sowie wegen des Großen Ahornbodens bekannt, ja berühmt. Über 2000 Ahornbäume schmücken den Talgrund, der übrigens während der Zeit des Dreißigjährigen Krieges entstand, denn damals war die Almwirtschaft, die dort bereits für das Jahr 1000 nachgewiesen werden konnte, für lange Jahre unterbrochen worden. So konnten sich die empfindlichen Ahornsprösslinge aufrappeln und zu richtigen Bäumen heranwachsen, denn zuvor waren Sie vom Weidevieh als schmackhafte Zugabe verzehrt worden. Nachdem wir eine gute Weile unter den faszinierenden Bäumen die reizvollen Lichtspiele der herbstlichen Sonne genossen haben, ist aber noch genug Energie vorhanden, um noch eine kleine Hüttenwanderung dranzuhängen.

Daher bietet sich die Wanderung hinauf zur schön gelegenen Falkenhütte an, die einen Logenplatz direkt gegenüber den Laliderer Wänden innehat. Und falls wir noch Lust auf ein Gipfelerlebnis haben, steigen wir hinauf zum leicht erreichbaren Mahnkopf. Dort finden wir einen Platz zum Schauen und Träumen. Falls wir uns rechtzeitig vor dem Hüttenschluss aufgemacht haben, gönnen wir uns noch eine Übernachtung auf der traditionsreichen Falkenhütte.

⊘ KARTE

Topographische Karte 1:50 000
„Karwendel" (LDBV)

🚐🚗 Anfahrt

Mit dem Auto: Auf der Salzburger Autobahn (A 8) bis Ausfahrt Holzkirchen oder über die Garmischer Autobahn (A 95) bis Ausfahrt Sindelsdorf, dann jeweils auf der Landstraße nach Bad Tölz und weiter über Lenggries, Vorderriß und Hinterriß in die Eng (Mautstraße ab Hinterriß; geöffnet von 1. Mai bis Ende Oktober).
Mit Bahn & Bus: Mit der Bayerischen Oberlandbahn (BOB) über Holzkirchen nach Lenggries. Von dort mit dem „Bergsteigerbus" bis zur Endstation in der Eng (ca. 1 Std. Fahrzeit).

🏔 Ausgangs-/Endpunkt

Großparkplatz am Ende der Mautstraße in der Eng (1200 m).

☎ Tourist-Info

Naturparkhaus Hinterriß
Verein Alpenpark Karwendel
A-6215 Hinterriß Nr. 4
Telefon: 00 43/52 45/289 14
Offizielle Information zum Ahornboden
unter Telefon: 00 43/52 42/632 40
Internet: www.karwendel.org

🧗 Charakter

Leichte Bergwanderung auf gut instand gehaltenen Wegen. Obwohl wir uns in die Nähe großartiger Felswände begeben, ideal geeignet auch für Nicht-Schwindelfreie.

🏔 Höhenunterschied

750 Hm im Auf- wie im Abstieg.

🚶 Gehzeiten

Rundweg über den Großen Ahornboden 1 Std. Aufstieg aus der Eng über das Hohljoch zur Falkenhütte 2 ½ Std., Gipfelabstecher zum Mahnkopf 1 ¾ Std., Abstieg zu den Engalmen 2 Std. Gesamtgehzeit: 7 ¼ Std.

☾✦ Einkehr & Übernachtung

Falkenhütte (1848 m), AV-Hütte, Kat. I, von Anfang Juni bis ca. 20. Oktober bewirtschaftet, 28 Betten, 120 Lager; Tel. 00 43/5245/245.
Alpengasthof Eng (1203 m), bewirtschaftet von Anfang Mai bis Ende Oktober, 30 Betten und 48 Lager; Tel. 00 43/5245/231.
Jausenstation Engalm (1227 m), bewirtschaftet während der Weidezeit, in der Regel von Juni bis Ende September.

Der Weg führt durch das Almdorf der Eng

Biker sind willkommen auf der Falkenhütte

Im großen Ahornboden

Bereits bei der Anfahrt zum Almdorf Eng haben wir auf dem letzten Straßenabschnitt auf der rechten Seite die zahllosen Ahornbäume ins Auge gefasst. Vom großen Wanderparkplatz in der Eng am Ende der Mautstraße wandern wir zunächst ein Stück des Weges zurück und gehen links über das Brückerl, das den Enger Grundbach überqueren hilft. Im Herbst ist das aber nicht unbedingt nötig, da können wir querfeldein spazieren und direkt vom Wanderparkplatz dem Großen Ahornboden zustreben. Das Gelände ist eben und voller Lust wandeln wir durch die zahllosen Ahornbäume, die besonders im Herbst in schönster Farbenpracht stehen. Anschließend schlendern wir hinüber zum großen Alpengasthof Eng, um eine erste Rast einzulegen. Auf dem breiten, geteerten Weg geht es dann zum gleichnamigen Almdorf mit seinen zahlreichen Hütten. Es ist wohl das größte Almdorf in ganz Österreich. Nachdem wir das Almdorf gewürdigt haben, schlendern wir weiter zur Jausenstation bzw. zum Almladen (falls wir die im Folgenden beschriebene Wanderung machen wollen, heben wir uns den Einkauf für die Rückkehr auf).

Musik im Almdorf

Der Anstieg zur Falkenhütte

Hinter den letzten Almhütten passieren wir ein Weidegatter und orientieren uns dann an den Wegweisern hinauf zur Falkenhütte. Der gut angelegte Bergwanderweg bringt uns nun über Bergweiden und durch ein kleines Wäldchen hinauf zu den Almwiesen am Hohljoch. Schauen wir gelegentlich zurück, genießen wir einen weiten Blick auf das großartige Gebirgstal unter uns. Vom Hohljoch leitet uns der Wanderweg ein wenig hinab und führt dann über die Laliderer Reisen hinüber zum Spielißjoch. Während der Querung des gesamten Kars erheben sich über uns die beeindruckenden Wände der „Laliderer", die so manche Kletterer inspiriert haben. Noch ein paar Serpentinen über freies Gelände und wir haben die schön gelegene Falkenhütte des Deutschen Alpenvereins erreicht.

Abstecher zum Mahnkopf

Von der Falkenhütte leitet ein markierter Steig links bzw. rechts um das Ladizköpfl herum in das Ladizjöchl (1825 m). Wir bleiben dann auf der Kammhöhe und folgen dem rot-weiß markierten Steig, der uns über zahlreiche Serpentinen hinauf zum kreuzgeschmückten Mahnkopf führt.

Der Abstieg

Die Rückkehr in die Eng erfolgt dann wieder auf der Anstiegsroute.

Der Jahreszeiten-Tipp

Bereits bei der Anfahrt ins hintere Engtal sehen wir auf der rechten Seite die kleinen und großen, aber immer beeindruckenden Ahornbäume, für die das Engtal berühmt ist. Der Große Ahornboden – auf einer Höhe von 1200 Metern gelegen und von steilen Felswänden eingerahmt – zählt daher zu den schönsten Plätzen in den Alpen. Wir finden hier auf einer ebenen Wiese etwa 2000 Bergahornbäume vor, von denen einzelne Exemplare über 600 Jahre alt sind. Der Bergahorn war im Jahr 2009 übrigens der „Baum des Jahres". Die Ahornbäume sind natürlich auch im Frühjahr ein Blickfang, wenn das erste Grün sprießt, am schönsten ist der Große Ahornboden jedoch im Herbst, wenn die Blätter sich goldgelb färben. Im Jahre 1927 wurde der Große Ahornboden zum Naturdenkmal erklärt und 1988 als Landschaftsschutzgebiet ausgewiesen.

Zur Falkenhütte im letzten Abendlicht

Und dann doch der Ahornboden

Von der Aidlinger Höhe blickt man hinunter Richtung Riegsee

Unsere kurze, aber sehr reizvolle Runde über die Aidlinger Höhe vermittelt uns nicht nur schöne Fernblicke auf die bayerischen Hausberge, den Riegsee, das spitze Ettaler Manndl – nein, wir tauchen kurzzeitig auch ein in eine bäuerliche Kulturlandschaft mit ihrer Beschaulichkeit und ihrem eigenen Rhythmus. Am Start und am Wendepunkt der Tour treffen wir auf je ein bodenständiges Gasthaus, sodass wir diesen Ausflug gerne auch kulinarisch veredeln wollen.

Anfahrt

Mit dem Auto: Auf der Garmischer Autobahn (A 95) bis zur Ausfahrt Sindelsdorf, dann auf der Landstraße (B 472) nach Habach, rechts in den Ort, nach 600 m links und der Ausschil-

derung zum Gasthaus Höhlmühle 2,2 Kilometer weit folgen. Vor dem Forsthaus befindet sich ein kleiner Wanderparkplatz, ein weiterer links oberhalb.

Mit Bahn & Bus: Nicht möglich.

Ausgangs-/Endpunkt

Parkplatz am Forsthaus Höhlmühle (660 m).

Charakter

Leichte Wanderung auf schmalen Bergpfaden, Wirtschaftswegen und schmalen Fahrsträßchen. Bergschuhe/Trekkingschuhe erforderlich, vor allem für den Kammweg. Der erste Teil der Strecke ist nicht markiert, kurz vor Aidling treffen wir jedoch auf die Ausschilderung des Höhlmühle-Rundwegs.

KARTE

Topographische Karte 1:50 000 „Pfaffenwinkel – Ammergauer Alpen (nördl.Teil)" (LDBV)

Höhenunterschied

150 Hm im Auf- wie im Abstieg.

Gehzeiten

1 ¾ Std. für die gesamte Runde.

Einkehr & Übernachtung

Forsthaus Höhlmühle (660 m), historisches Gasthaus mit Biergarten, ganzjährig bewirtschaftet, Betriebsruhe von Ende Oktober bis Ende November, Montag und Dienstag sind Ruhetage, an den anderen Tagen ab 10 Uhr durchgehend warme Küche; Tel. 0 88 41 / 96 20.
Gasthof Post in Aidling (724 m), ganzjährig geöffnet, Mittwoch und Donnerstag sind Ruhetage, Übernachtung in Einzel- und Mehrbettzimmern möglich; Tel. 0 88 47 / 62 25.

Die Zeit auf der Weide geht zu Ende

Der Rundweg

Vom Parkplatz an der Höhlmühle überqueren wir die Straße und steigen dort, wo ein Holzgeländer den Hangabfall zum Lothdorfer Bach absichert, hinab zu diesem. Eine Betonmauer, die den Fluss des Baches hemmen soll, leitet uns hinüber auf die andere Seite. Dort folgen wir dem Wanderweg in direkter Linie – rechts eines Bachlaufes – durch lichten Wald bergan, bis nach etwa 100 Metern unser Weg nach rechts biegt (der geradeaus führende, überwachsene Weg trifft weiter oben wieder auf unsere Route). Wir steigen nun steiler bergan, schwenken dann nach links und treffen auf einen quer führenden schmalen Forstweg. Über diesen hinweg und auf nun einem schmalen Pfad steil weiter bergan. Allmählich legt sich der Berg etwas zurück und wir durchschreiten einen herrlichen Hochwald. Bald ist dann auch der höchste Punkt erreicht. Wie durch eine Allee wandeln wir auf der Kammhöhe (Vorsicht: viele Wurzeln!) entlang. Daran schließt sich nun ein herrlicher Buchenwald an. Ein erster zaghafter Blick durch die Bäume tut sich auf. Unser Weg führt dann nach links, vorbei an einem Hochsitz (dahinter eine grüne Wiese) und nun auf breiteren Weg noch mal leicht ansteigend, dann leicht fallend, aus dem Wald heraus. Ab hier eröffnet sich das ganze Panorama der Bayerischen Alpen, links hinten das Karwendelgebirge, rechts anschließend das Estergebirge, direkt vor uns das felsige Wettersteingebirge mit der dominanten Zugspitze, während die Alpspitze nur an den Umrissen erkennbar ist, und rechts die bewaldeten Berge der Ammergauer Alpen. Wir erreichen dann eine Wegverzweigung mit Wegtafeln.

☎ Tourist-Info

Internet: www.riegsee.de

Große alte Bäume auf den Höhen von Aidling

Hier linker Hand hinab, vorbei an einem Viehunterstand, und auf einem Wirtschaftsweg kurz weiter zu einem quer führenden Teersträßchen (hier könnten wir links bereits auf einem Höhenweg zur Höhlmühle zurückkehren). Wir folgen nun rechts dem schmalen Sträßchen hinab in das kleine Dorf Aidling. Auf der Dorfstraße entlang bis zur Ortsmitte. Falls wir hier einkehren wollen, schlendern wir weiter durch das Dorf bis zur hübschen Barockkirche. Direkt gegenüber liegt der Gasthof zur Post (immerhin seit über 130 Jahren in Familienbesitz und mit schöner Aussichtsterrasse). Wir gehen dann wieder zurück bis zur Höhlmühlstraße; dort rechts in diese (Wegweiser). Nun leitet uns ein kleines Teersträßchen hinab – mit einer leichten Gegensteigung – durch Wiesen und leichten Baumbestand und sehr viel Aussicht zurück zur Höhlmühle. Achtung: Bei der Weggabelung nach einer Viertelstunde unterhalb Aidling links weiter, nicht dem gesperrten Wirt-

schaftsweg folgen (dieser führt hinab bis zum Riegsee). Wir treffen auf die Fahrstraße nach Murnau und folgen dieser links 200 Meter bis zu unserem Ausgangspunkt.

Und zum Abschluss unserer Tour lassen wir uns im Forsthaus Höhlmühle mir Wildspezialitäten verwöhnen. Und falls wir Glück haben, gibt's zum Nachtisch noch hausgemachte Kuchen-Windbeutel.

Am Anfang führt der Weg durch dichten Buchenwald

🖋 Variante

Falls wir auf dieser Tour im Sommer unterwegs sind, können wir natürlich von Aidling zum Riegsee hinunterlaufen. Dort finden wir weitere Gasthöfe und reizvolle Bademöglichkeiten.

🔦 Der Jahreszeiten-Tipp

Natürlich können wir diese Wanderung auch zu anderen Jahreszeiten unternehmen und bei wenig Schnee sogar im Winter. Der besondere Reiz dieser Tour erschließt sicher allerdings im Herbst. Denn es gibt kaum einen idealeren Ort im Alpenvorland, um das reizvolle Panorama gleich mehrerer Gebirgsgruppen einzufangen. Und dafür braucht es natürlich eine gute Fernsicht. Und die ist im Herbst besonders oft gegeben. Manchmal liegt schon der erste Schnee auf den Bergen, während auf den Wiesen des

Letzte Rast vor Aidling

Alpenvorlandes noch die Kühe auf den grünen Wiesen weiden. Oder die ersten Nebel im Talbereich eine zauberhafte Stimmung schaffen. Und dazu passt die Einkehr nach der Tour beim Forsthaus Höhlmühle, wo wir saisongerecht einen „Hirschbraten St. Hubertus" oder ein „Wildrahmragout" verspeisen. Es darf aber auch eine deftige Nachspeise sein.

Kalter Schneewind bläst über die weiten offenen Felder und Weiden

Durch die Pöllatschlucht zum Tegelberg
Mit freiem Blick auf die Königsschlösser

Der Blick zurück auf die Schlösser

Tegelberg ist der Name des gesamten Bergmassivs, der höchste Punkt jedoch wird Branderschrofen genannt. Wir beginnen unsere Tour jedoch im Tal, durchwandern zuerst die Pöllatschlucht (zur Zeit gescholssen; 2016) bzw. wandern vom Großparkplatz hinauf zur Marienbrücke und genießen den weltbekannten Blick auf Schloss Neuschwanstein, bevor wir den Gipfelanstieg beginnen. Und weil wir uns dabei so geplagt haben, genießen wir ohne schlechtes Gewissen die Talfahrt mit der Tegelbergbahn.

Anfahrt

Mit dem Auto: Auf der Autobahn (A 7) von Ulm über Kempten nach Füssen und auf der Landstraße weiter nach Schwangau. Oder über Schongau und Halblech auf der B 17 in Richtung Hohenschwangau; kurz vorher links ab zur Talstation der Tegelbergbahn oder weiter bis Hohenschwangau zu den großen Ausflüglerparkplätzen vor dem Alpsee (gebührenpflichtig).

Mit Bahn & Bus: Mit der Bahn bis Füssen und weiter mit dem RVA-Bus nach Hohenschwangau oder bis zur Talstation der Tegelbergbahn.

☎ Tourist-Info

Schwangau Tourismus
Münchener Straße 2
87645 Schwangau
Telefon: 0 83 62 / 819 80
Internet: www.schwangau.de

⊘ KARTE
Topographische Karte 1:50 000
„Füssen" (LDBV)

🔆🏕 Ausgangs-/Endpunkt

Großer Parkplatz in Hohenschwangau oder Wanderparkplatz an der Talstation der Tegelbergbahn (830 m).

⛰ Bergbahn

Die Tegelbergbahn (830–1720 m) verbindet die Talstation bei Hohenschwangau mit dem Tegelberghaus; sie ist ganzjährig in Betrieb, während der Wandersaison von 9–16.30 Uhr; Tel. 0 83 62/983 60.

🗜 Charakter

Die Route durch die Pöllatschlucht ist mit Stegen und Drahtseilen gesichert sowie mit Treppenstufen gangbar gemacht. Der Anstieg zum Tegelberghaus verläuft auf Bergwanderwegen, die jedoch an einigen Stellen Trittsicherheit erfordern. Der Gipfelanstieg auf den Branderschrofen erfordert allerdings Trittsicherheit und Schwindelfreiheit (einige Seilsicherungen an den ausgesetzten Stellen).

⛰ Höhenunterschied

1050 Hm im Aufstieg.

🚶 Gehzeiten

Steig durch die Pöllatschlucht bis zur Marienbrücke ¾ Std. (über Großparkplatz 1 Std.), Anstieg von dort zum Tegelberghaus 2 ½ Std., Gipfelanstieg zum Branderschrofen ¾ Std., Rückkehr zum Tegelberghaus ½ Std. Abfahrt mit der Tegelbergbahn; Rückkehr zum Ausgangspunkt ¾ Std. Gesamtgehzeit: ca. 5 ½ Std.

☾⋆ Einkehr & Übernachtung

Tegelberghaus, 1707 m, privat, 12 Betten, 28 Lager, ganzjährig bewirtschaftet, mit Ausnahme der Revisionszeiten der Tegelbergbahn; Tel. 0 83 62/89 80.

Panoramarestaurant an der Bergstation der Tegelbergbahn sowie Kioskbetrieb am Tegelberghaus.

Das Schloss zum Mitnehmen

Die Route

Wir starten unsere Wanderung an der Talstation der Tegelbergbahn, gehen kurz die Zufahrtsstraße zurück und biegen nach der Brücke über die Pöllat links in den Wanderweg ein, der direkt auf Schloss Neuschwanstein zuhält. Wir queren ein Sträßchen und biegen in das folgende, quer führenden Sträßchen links ein und wandern vorbei an der Gipsmühle bis zur Abzweigung in die Pöllatschlucht (Wegweiser!). Diesen Punkt können wir auch von den Großparkplätzen bei den Königsschlössern erreichen: über die Colomanstraße und den Pöllatweg. (Falls die Schlucht noch gesperrt ist, wandern wir alternativ über den Großparkplatz in Hohenschwangau hinauf zur Marienbrücke). Der ausgeschilderte Zugangsweg in die Schlucht ist noch ein kurzes Stück breit, dann aber wird es ernst. Über einen an die Felsen „geklebten" Eisensteg wandern wir – immer gut gesichert – direkt über die nun sehr schmal werdende Schlucht. Das Wasser sprüht und rauscht durch den engen Schlund, doch bald wird es wieder breiter und wir erreichen einen kleinen Auwald, der sich ideal für einen Aufenthalt eignen würden, hätten wir nicht noch ein gutes Stück Weg vor uns. Ein steiler, guter Wanderweg leitet uns dann zu einer Aussichtskanzel vor dem Pöllatfall, darüber spannt sich die Marienbrücke. Wir steigen dann rechts hinauf zum Zufahrtsweg zu Schloss Neuschwanstein (die Besichtigung wäre im Herbst vielleicht möglich, im Sommer müssten wir aufgrund des großen Andrangs auf die Wanderung verzichten). Wir wandern lieber links aufwärts zum Aussichtspunkt Jugend und weiter zur Marienbrücke, wo unser Gipfelweg beginnt. Ein gut gestufter, steiler Steig macht uns sogleich warm und leitet uns über zahlreiche Serpentinen durch lichten Wald bergwärts. Die Aussicht steigert sich zudem mit jedem Schritt. Das Gelände wird weiter oben schrofig und abschüssig. Dann aber queren wir links hinüber durch einen bewaldeten Hang auf der Nordseite des Tegelbergkopfs. Es folgt noch eine drahtseilgesicherte Passage, dann durchqueren wir Latschenhänge, gehen unter den Seilen der Tegelbergbahn hindurch und treffen auf eine Wegverzweigung. Rechts nun hinauf, noch mal unter der Tegelbergbahn durch und links hinauf zum Tegelberghaus. Diese Privathütte war ursprünglich ein königliches Jagdhaus, das König Max II. von Bayern im 19. Jahrhundert errichten ließ. Später wurde es auch von König Ludwig II. gern genutzt.

Der Alpsee

Blick auf Bannwald und Forggensee

Die Zugspitze vom Gipfel des Branderschrofen

 ### Der Hüttengipfel

Dieser felsige Gipfelaufschwung fordert uns etwas, denn er verlangt Trittsicherheit und Schwindelfreiheit. Am Tegelberghaus wandern wir rechts vorbei und folgen dem zunächst breiten Wanderweg („Ahornweg") nach Osten. Der Gipfel mit seinem leuchtenden Kreuz liegt immer direkt vor uns. Bald verlassen wir den Hauptweg nach links (WW) und nehmen den schmalen Steig, der uns an die Gipfelfelsen heranführt. Über steile Schrofen – gesichert mit einigen Drahtseilen – geht es hinauf zum höchsten Punkt des Tegelbergmassivs, dem Branderschrofen (1879 m).

Der Jahreszeiten-Tipp

Schloss Neuschwanstein und Schloss Hohenschwangau können wir das ganze Jahr über besuchen, die Pöllatschlucht ist wohl im Frühjahr am spektakulärsten, wenn das Schmelzwasser mit aller Wucht durchrauscht. Am schönsten ist es jedoch im Herbst, oben am Tegelberg zu stehen – vorzugsweise auf seiner höchsten Erhebung, dem Branderschrofen, um die Fernsicht bei klarer Luft zu genießen. Tief unter uns liegt die Allgäuer Seenplatte, die beiden Königsschlösser sind eingebettet in die warmen Farben des Herbstes, bei Bodennebel ragen sie wie Boten aus einer anderen Zeit aus dem Wald. Ein Anblick, den andere nur durch Tourismusplakate kennenlernen.

Das Tegelberghaus mit Alp-, Schwan- und Weißensee

29 Über die Alpe Mösle zur Engeratsgundalpe
Von Hindelang ins Reich der Senner und Bergseen

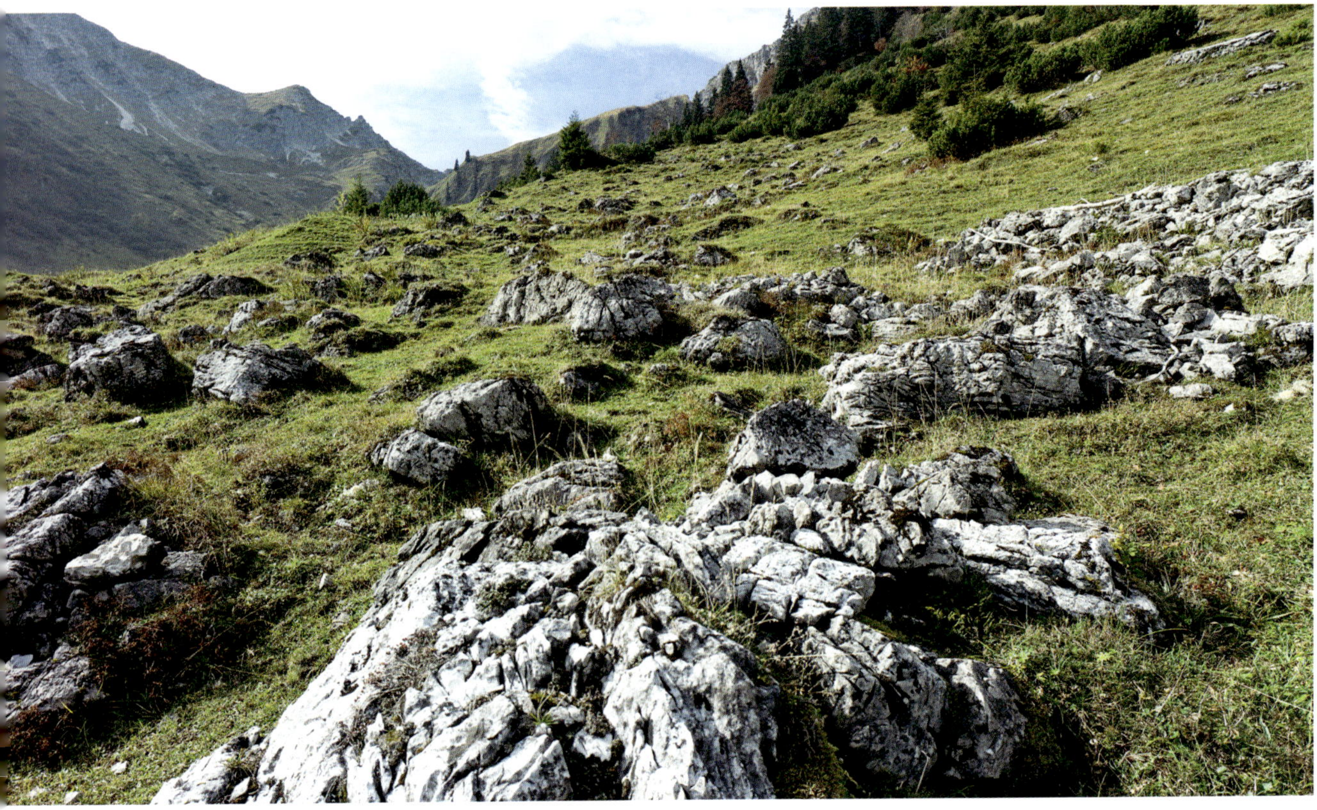

Das Hochtal Richtung Daumen

Unser Ziel ist der Engeratsgundhof, eine Einkehralpe mit Jungviehbestand, dessen Geschichte bis ins 15. Jahrhundert zurückreicht. Zuvor müssen wir aber Höhenmeter bezwingen, denn der schönste Weg dorthin führt nicht durch das Hintersteiner Tal, sondern über den Engeratsgundsee. Wahlweise können wir auch auf der Schwarzwasserhütte übernachten.

Anfahrt

Mit dem Auto: Auf der Füssener Autobahn (A 7) bis zur Ausfahrt Oy-Mittelberg und dann weiter auf der B 310/B 308 über Oberjoch nach Hindelang (oder hierher über Sonthofen) und weiter nach Hinterstein; durch den Ort bis zum Ende der öffentlichen Fahrstraße beim großen Wanderparkplatz (885 m). Achtung: Der Parkplatz ist gebührenpflichtig.

Mit Bahn & Bus: Mit der Bahn bis Sonthofen, von dort weiter mit dem RVA-Bus über Hindelang nach Hinterstein.

Ausgangspunkt

Wanderparkplatz „Auf der Höh'" (885 m) oberhalb von Hinterstein.

Tourist-Info

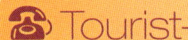

Gästeinformation Bad Hindelang
Am Bauernmarkt 1
87541 Bad Hindelang
Telefon: 0 83 24/89 20
Internet: www.badhindelang.info

KARTE

Topographische Karte 1:50 000
„Allgäuer Alpen" (LDBV)

 Endpunkt

Giebelhaus (1065 m); von dort mit dem Pendelbus zurück zum Wanderparkplatz „Auf der Höh'" (oder zu Fuß 1 ½ Std.). Der Bus verkehrt zwischen 8 und 18 Uhr.

Variante

Von der Käseralpe (1401 m) auf gutem Bergweg hinüber zur Schwarzenberghütte (AV-Hütte mit Übernachtungsmöglichkeit), von dort weiter auf Bergwanderweg hinab ins Hintersteiner Tal.

Charakter

Zu Beginn Teerweg, dann Wirtschaftsweg bis hinauf zu den Alpen oberhalb; weiter über die Alpe Mösle zum Engeratsgundsee und von dort wieder hinab zum Engeratsgundhof verläuft die Strecke auf einem Bergwanderweg bzw. Bergsteig. Trittsicherheit an einigen Stellen erforderlich. Falls wir vom Giebelhaus zu unserem Ausgangspunkt hinauslaufen, müssen wir mit einem Teerweg vorliebnehmen.

Viehscheid im Hintersteiner Tal

⛰ Höhenunterschied

990 Hm im Aufstieg, 811 Hm im Abstieg.

🚶 Gehzeiten

Vom Wanderpark zum Engeratsgundsee 3 Std., Abstieg zur Engeratsgundalpe 1 ½ Std. Gesamtgehzeit: 4 ½ Std. – Abstecher vom Käser zur Schwarzenberghütte 20 Minuten, Abstieg von dort ins Hintersteiner Tal ¾ Std.

🌙 Einkehr & Übernachtung

Giebelhaus (1065 m), privat, ganzjährig bewirtschaftet, keine Übernachtung; Tel. 0 832 4 / 81 46.
Schwarzenberghütte (1380 m), AV-Hütte, Kat. I, vom 25. Dezember bis Ende Oktober durchgehend bewirtschaftet, 59 Lager; Tel. 0 173 / 392 77 66.
Engeratsgundhof (1154 m), privat, im Sommer bewirtschaftet; Tel. 0 83 24 / 942 26.

Über dem Hintersteiner Tal löst sich der Frühnebel

Der Anstieg zum Engeratsgundsee

Vom großen Wanderparkplatz „Auf der Höh'" folgen wir zunächst der Teerstraße ins Hintersteiner Tal hinein, bis nach etwa 1,5 Kilometern rechts der Weg in Richtung Möslealp abzweigt. Nach Überquerung der Ostrach erneut links, bald über einen weiteren Bach und auf gutem Alpweg an vielen Heustadeln vorbei, bis unser Weg ansteigt und in einem Rechtsbogen um den Rappenschrofen herum in Kehren durch Wald hinauf zur Möslealpe (1133 m) führt. Links haltend führt unser Weg nun nahezu eben ein gutes Stück über freies Gelände. Dann nimmt uns Mischwald auf und der schöne Bergweg führt uns oberhalb des Tössenbachs hinauf zuerst zur Unteren Nickenalpe. Bei der folgenden Wegverzweigung oberhalb halten wir uns links und erreichen über weit ausholende Serpentinen die Mittlere Nickenalpe. Über freies Gelände geht es weiter und über die verfallene Obere Nickenalpe erreichen wir das sogenannte „Türle", eine Scharte im Nordwestgrat des bizarr geformten Hengst, das den Übergang zu unserem Zwischenziel ermöglicht. Dort linker Hand kurz hinab, wo wir bald auf den einsam unter dem Kleinen Daumen liegenden Engeratsgundsee treffen.

Die Alpe Engeratsgund

Abstieg zum Engeratsgundhof

Am Engeratsgundsee gehen wir links am Ufer entlang, bis auf halber Strecke links der markierte Bergweg hinab ins Obertal beginnt. Wir gehen kurz bergan und folgend dann dem Steig, der uns durch eine Felsbarriere hinableitet. Vor uns – im Hintergrund – der mächtige Hochvogel mit seiner unverkennbaren Pyramidenform. Unser Weg biegt dann nach rechts um, führt durch Bergwiesen und Latschenfelder unter einem Felsabbruch entlang und hält dann in direkter Linie auf die Engeratsgundalpe und die Käseralpe zu. Über weitgehend freies Gelände erreichen wir den Engeratsgundhof im Obertal, wo wir bei Kaffee und Kuchen und Brotzeiten einkehren können.

Variante

Oder die Tour andersherum mit Übernachtung in der Schwarzenberghütte: Vom Parkplatz „Auf der Höh'" in Richtung Giebelhaus durch das Hintersteiner Tal. Kurz hinter dem Hinteren Erzberghof, wo das Sträßchen die Ostrach überquert, beginnt der Anstieg zur Schwarzenberghütte. Ein schöner Steig führt von hier über Bergwiesen und durch Wald hinauf zu der vor ein paar Jahren aufwendig renovierten Unterkunftshütte, die von jahrhundertealten Ahornbäumen flankiert wird. Von der Alpenvereinshütte können wir dann nahezu eben hinüberqueren zum Anstiegsweg in Richtung Engeratsgundsee.

Abstieg zum Giebelhaus

Vom Engeratsgundhof gehen wir hinab zum breiten, geteerten Alpfahrweg und wandern auf diesem gemächlich durchs Obertal hinab zum Giebelhaus. Von dort folgen wir dem für den öffentlichen Verkehr gesperrten Fahrweg hinaus nach Hinterstein (siehe Extra-Tipp!).

Der Extra-Tipp

Zwischen Hinterstein und dem Giebelhaus verkehrt ein Pendelbus, der uns den Rückweg nach einem langen Wandertag angenehm verkürzt. Fahrplanauskunft: Tel. 0 83 24 / 93 230 oder www.wechs.net/busverkehr.

Der Jahreszeiten-Tipp

Unsere Wanderung hinauf zum Engeratsgundsee verläuft in weiten Etappen über freies Gelände, und so wären wir im Sommer arg der Sonne ausgesetzt. Und da dieser Bergsee sich auf einer Höhe von 1876 Metern befindet, ist er auch für eine Erfrischung zu kalt. Im Herbst sind die Temperaturen niedriger, wir können uns gelassen am See niederlassen und die Einsamkeit genießen. Vor allem die leuchtenden Farben des Herbstes lassen uns diese Unternehmung im Herbst ansteuern.

Falls wir zur richtigen Zeit kommen (Infos über die Tourismusämter), können wir in den Genuss des Alpabtriebs von Laufbichelalpe und Engeratsgundhof kommen. Das gibt diesem Ausflug in dieses großartige Bergtal dann noch die richtige Würze.

Der Weg zum Engeratsgundsee

Biker erfrischen sich auf der Gaisalpe

Unser erstes Ziel auf dieser abwechslungsreichen Route ist die Gaisalpe. Dieser auch für Wanderer bewirtschaftete Bauernhof liegt auf einem freien Wiesenhang über dem Illertal. Der schönste Anstieg dorthin führt über den sogenannten Tobelweg (sehr bald im Frühjahr, wenn noch Schneereste die Klamm blockieren, können wir natürlich auch den Wirtschaftsweg benutzen). Im Sommer ist der Tobelweg jedoch angenehm schattig. Der weitere Anstieg hinauf zum Gaisalpsee und zum Rubihorn ist dann in weiten Teilen sehr der Sonne ausgesetzt. Falls wir keine Gipfelambitionen haben, können wir natürlich auch am reizvollen Bergsee Stopp machen, denn der letzte Teil des Anstiegs setzt schon Tritt-

sicherheit und Schwindelfreiheit voraus. Der Lohn – ein gewaltiges Panorama der Allgäuer Alpen – ist jedoch überwältigend.

Anfahrt

Mit dem Auto: Auf der Füssener Autobahn (A 7) nach Kempten und bei der Abfahrt Oberallgäu / Oberstdorf weiter auf der B 19 nach Sonthofen und weiter über Altstädten und Schöllang nach Reichenbach. In der Ortsmitte links hoch zum großen Wanderparkplatz (890 m) oberhalb des Ortes am Waldrand.
Mit Bahn & Bus: Mit der Deutschen Bahn über Buchloe, Kempten und Immenstadt nach Fischen oder Oberstdorf; von dort jeweils mit einem RVA-Bus nach Reichenbach.

⚡ KARTE
Topographische Karte 1:50 000
„Allgäuer Alpen" (LDBV)

🏕 Ausgangs-/Endpunkt

Entweder die Bushaltestelle in Reichenbach oder der Wanderparkplatz (890 m) am oberen Ortsende.

⟩𝒳 Charakter

Durch den Gaisalptobel leitet uns ein teilweise gesicherter Bergsteig. Anschließend folgt ein Stück auf dem Wirtschaftsweg zur Gaisalpe. Der Anstieg von der Gaisalpe zum Unteren Gaisalpsee erfolgt auf einem Bergwanderweg (ebenfalls einige Seilsicherungen). Auf diesem Wegabschnitt können nach langen Regenperioden die Bäche stark anschwellen, was unser Fortkommen hindert. Der Gipfelweg verläuft auf einem Bergsteig, der Trittsicherheit und Schwindelfreiheit voraussetzt. Die Rückkehr ins Tal erfolgt auf dem Anstiegsweg, wir machen jedoch einen Schlenker über einen Wirtschaftsweg.

☎ Tourist-Info

Tourist-Information Oberstdorf Haus
Prinzregentenplatz 1
87561 Oberstdorf
Telefon: 0 83 22/70 00
Internet: www.oberstdorf.de

🏔 Höhenunterschied

1100 Hm im Auf- wie im Abstieg.

🚶 Gehzeiten

Von Reichenbach bis zur Gaisalpe 1 Std. Aufstieg zum Unteren Gaisalpsee 1 ¼ Std., von dort zum Gipfel des Rubihorns 1 ½ Std. Abstieg über die Gaisalpe nach Reichenbach 2 ½ Std. Gesamtgehzeit 6 ¼ Std.

☽ Einkehr & Übernachtung

Gaisalpe (1165 m), privat, von 1. Mai bis Ende November ab 9 Uhr bis Einbruch der Dunkelheit bewirtschaftet; Tel. 0 83 26/79 17.
Untere Gaisalpe (1100 m), privat, im Sommer bewirtschaftet.
Berggasthof Hirsch (867 m) in Reichenbach; ganzjährig bewirtschaftet.

Paraglider schweben vom nahen Nebelhorn herüber

Der Gaisalpsee auf dem Weg zum Rubihorn

 12
8
Durch den Tobel zur Gaisalpe

Vom Wanderparkplatz leitet uns ein Wirtschaftsweg durch Wald zum Gaisalpbach. Kurz nach der Bachbrücke halten wir uns links. Hier beginnt der ausgeschilderte Tobelweg und führt uns zunächst auf der rechten Bachseite leicht bergan. Bald geht es jedoch über Fels- und Holzstufen steil hinauf (Drahtseilsicherungen an den gefährlichen Stellen). Wir queren auf die andere Bachseite, und bald ist ein Trafohäuschen erreicht. Ein Wasserfall gibt dem Tobel hier zusätzliche Dramatik. Über Stufen wandern wir hoch über den tief eingeschnittenen Bach hinauf zum Wirtschaftsweg, den wir unten verlassen haben. Nach der Bachbrücke folgen wir links den Kehren des Zufahrtsweges hinauf zur Gaisalpe. Auf der Terrasse, aber auch drinnen, lässt es sich gut rasten. In Richtung Westen schweift der Blick über das Illertal, Richtung Osten erhebt sich beeindruckend das Rubihorn.

12
8
Aufstieg zum Rubihorn

Am Berggasthof Gaisalpe gehen wir rechts am Haus vorbei und hinauf zur Wegverzweigung. Ein ausgeschilderter Bergwanderweg gibt nun die Richtung vor. Der weitere Weg verläuft nun durch Bergwiesen, Waldstücke und durch Bachläufen zerklüftetes Gelände. Der Schlussanstieg zum Unteren Gaisalpsee fordert uns, denn er führt durch steiles und teilweise felsiges Gelände (einige Sicherungen). Der Gaisalpbach tritt hier deutlich sichtbar aus den Felsen. Am Unteren Gaisalpsee halten wir uns dann rechts, folgen der Ausschilderung zum Rubihorn bis zum Ende des Sees und steigen dann, uns rechts haltend, die steilen Serpentinen empor zum Niedereck. Dort wiederum rechts auf anspruchsvollem Bergweg hinauf zum Gipfel des Rubihorns.

Die Kapelle auf dem Weg zur Gaisalpe

Der Abstieg

Vom Gipfel des Rubihorns steigen wir auf dem Anstiegsweg wieder hinab bis zur Gaisalpe. Dort, wo kurz danach der Tobelweg nach rechts abzweigt, halten wir uns links auf dem Wirtschaftsweg, gehen an einer Kapelle vorbei und wandern talwärts. Bei den folgenden Wegverzweigungen (Wegweiser) halten wir uns jeweils rechts. Wir durchschreiten ein Waldstück und stoßen dann auf eine Lichtung. Weiter in einem Rechtsbogen hinab, wobei wir den freien Blick ins Illertal genießen, bis wir auf den Anstiegsweg stoßen. Dort über den Bach und hinaus zum Ausgangspunkt.

Der Jahreszeiten-Tipp

Bei diesem Wandervorschlag steht eindeutig der Herbst im Vordergrund, denn der Anstieg durch den südseitig gelegenen Berghang kann im Sommer sehr heiß werden. Außerdem ist auch dieser Gipfel bei Nässe nicht ungefährlich, daher geht es sich besser, wenn es trocken ist. Zudem führt unser Weg nur zum Teil durch bewaldete Bergflanken. Und der Untere Gaisalpsee ist selbst für ein sommerliches Bad schon aufgrund seiner Höhenlage nicht gerade geeignet. Ganz anders dagegen im Herbst. Die Temperaturen sind gemäßigter, und wegen seiner vorgerückten Lage direkt über dem Illertal bietet uns das Rubihorn ein überwältigendes Panorama der südlichen und westlichen Allgäuer Alpen.

Auf der Gaisalpe

Winter

Mit Schneeschuhen zur Bindalm

Über den Hirschbichl, dem Passübergang am Ende des langen Klausbachtals, fuhren seit dem Mittelalter bis zu Beginn des 19. Jahrhunderts Salzfuhrwerke und wanderten Pilger, denn er war der direkte Verbindungsweg aus der ehemaligen Fürstpropstei hinüber in den Pinzgau und nach Tirol. Heute ist dieser Weg für den allgemeinen Verkehr gesperrt und wird daher umso dankbarer von den Wanderern angenommen. Im Sommer verkehrt sogar ein Bus, um müden Wanderern den Heim- oder den Anmarschweg zu verkürzen. Auf unserer Winterwanderung konzentrieren wir uns jedoch auf die Wildfütterung und wandern anschließend weiter durch das stille Gebirgstal bis zu unserem Wendepunkt bei der Bindalm. Dort sind drei historische

Almhütten zu betrachten, im Winter leider nur von außen; darunter die Schiedkaser, der aus dem Steinernen Meer von Denkmalschützern dorthin verpflanzt wurde, sowie der Möslerkaser, der im Sommer almtypische Bewirtung bietet. Er wurde nach einem Brand im alten Stil wiederaufgebaut. Nach unserer Rückkehr halten wir beim ebenfalls historischen Gasthof Auzinger Einkehr. Dort war im 19. Jahrhundert die Verpflegungsstelle für all die malenden Künstler, die uns ein reiches Werk an Landschaftsbildern hinterlassen haben. Neben dem Gasthaus Auzinger gibt es weitere Gaststätten direkt am See, so den Wörndlhof und die Seeklause, wo wir den Tag bei regionalen Schmankerln ausklingen lassen können.

KARTE

Topographische Karte 1:50 000
„Berchtesgadener Alpen" (LDBV)

Anfahrt

Mit dem Auto: Auf der Salzburger Autobahn (A 8) bis zur Ausfahrt Piding, dann auf der B 21 über Bad Reichenhall durchs Saalachtal nach Unterjettenberg; dort links ab und hinauf in Richtung Ramsau zur Schwarzbachwacht. Kurz nach der Passhöhe rechts ab und über die Ortsteile Taubensee und Antenbichl zum Hintersee (hierher natürlich auch über Berchtesgaden möglich). Am See vorbei und bis zum Ende der öffentlichen Straße am Eingang ins Klausbachtal; dort befindet sich ein großer, gebührenpflichtiger Wanderparkplatz, der auch im Winter geräumt ist.

☎ Tourist-Info

Tourist-Information Ramsau
Im Tal 2
83486 Ramsau
Telefon: 0 86 57/98 89 20
Internet: www.ramsau.de

Mit Bahn & Bus: Mit der Deutschen Bahn über Freilassing und Bad Reichenhall nach Berchtesgaden (Endbahnhof), von dort weiter mit dem RVO-Bus zum Hintersee.

⛺ Ausgangs-/Endpunkt

Wanderparkplatz Klausbachtal (800 m).

◈ Charakter

Leichte Winterwanderung. Bis zur Wildfütterung nach gut zwei Kilometern geräumter Wirtschaftsweg; erst im letzten Abschnitt steigt der Weg etwas an. Teleskopstöcke und Gamaschen sind trotzdem empfehlenswert.

⛰ Höhenunterschied

320 Hm auf dem Hin- wie auf dem Rückweg.

🚶 Gehzeiten

Vom Wanderparkplatz Klausbachtal zur Bindalm 2 ¼ Std. Gesamtgehzeit: 4 ¼ Std. Für die Zugangsvariante durch den Zauberwald müssen wir eine Extrastunde einrechnen.

Sonne tanken vor der alten, aufgewärmten Holzwand

*Dichte Wolken geben den Blick schließlich doch noch
frei auf die Felsen des Watzmanns*

 Einkehr & Übernachtung

Unterwegs keine. Also Brotzeit und Thermos-
flasche mit warmen Getränken mitbringen.
Gasthaus Auzinger (796 m) am Eingang ins
Klausbachtal, ganzjährig bewirtschaftet, schö-
ne Gästezimmer; Tel. 0 86 57 / 230.
Mehrere Gasthäuser mit Übernachtungsmög-
lichkeit am Hintersee.
Im Zauberwald befindet sich das reizende
Hexenhäusl mit Einkehrmöglichkeit.

Die Route

Vom Wanderparkplatz am Eingang ins Klausbachtal schlendern wir zunächst hinüber zur
Nationalpark-Informationsstelle. Dort halten
wir uns links und wandern auf dem geräumten Wirtschaftsweg durch lichten Wald taleinwärts. Da die Felsgipfel links und rechts unseres Weges steil aufragen, fällt im Winter
nicht sehr viel Sonnenlicht ins Tal. Wir müssen uns also schon warm anziehen. Die Bäume
sind oft von Raureif überzogen, was den Win-
terzauber deutlich erhöht. Schon nach einer
halben Stunde Gehzeit ist die Schaufütterung
erreicht (diese Strecke könnten wir übrigens
auch mit einem Pferdeschlitten zurücklegen).
Wir klettern den neuen Holzturm hinauf, um
Hirsche, und Rehe aus einer ungewohnten Perspektive erleben zu können. Die Fütterung findet in der Regel mittags statt, also früh starten.
Vor allem auch, weil wir noch ein Stück des
Weges vor uns haben. Nach Besichtigung der
Wildfütterung machen wir uns wieder auf den
Weg und folgen den Fußspuren in die Grund-
übelau. Aufgrund der Wildfütterung wird der
Weg im Winter nicht mehr unterhalten, sodass
wir uns am besten an die Vorgängerspuren halten (es sind nahezu immer welche vorhanden).
Wir verlassen die Fahrstraße zum Hirschbichl
nach links und wandern auf dem parallel ver-
laufenden Wirtschaftsweg weiter. Kurz vor der
Engert-Diensthütte berühren wir diesen wieder, bleiben aber meist links davon. Der Weg
steigt dann leicht an, führt unter der Klaus-
wand entlang und erreicht dann die Bindalm
(1117 m) mit ihren vier Almhütten. Immerhin
etwas über 300 Höhenmeter mussten wir auf
dieser Strecke bewältigen. Gegenüber erheben
sich die prächtigen Felsgipfel der Ramsauer
Dolomiten, die günstig im Licht stehen, denn
es ist bereits Nachmittag und die Sonne im
Westen senkt sich allmählich.
Nach einer Brotzeit aus dem Rucksack und
einem Schluck warmen Tee aus der Thermoskanne brechen wir wieder auf, um den Rückweg anzugehen, den wir auf der gleichen Spur
zurücklegen.

Der Extra-Tipp

Jeden Donnerstag im Winter – von Ende Dezember bis Ende April – führt die National-
parkverwaltung kostenlose Adlerbeobach-
tungen durch. Da diese Greifvögel besonders
im Winter ihren Beutetieren auf ihren Wanderungen folgen, sind sie zur Zeit der Wildfütterung leichter zu entdecken. Treffen jeweils
um 11 Uhr an der Nationalpark-Infostelle.
Mindestteilnehmerzahl: 4. Die Mitnahme
warmer Kleidung sowie eines Fernglases ist
selbstverständlich.

Eis auf dem Königssee

📢 Der Jahreszeiten-Tipp

Das Klausbachtal gehört im Winter zu den stillen Alpentälern, es gibt keine Zufahrt zu einer Piste und auch keinen Langlauf. Dafür aber eine beeindruckende Winterlandschaft mit den links und rechts steil aufragenden Felsgipfeln der Reiter-Alm und des Hochkalters. Höhepunkt unserer Wanderung ist aber der Besuch der Wildfütterung, wo wir in der Regel eine große Zahl von Rotwild – in der Regel 40 bis 50 Stück – zu Gesicht bekommen. Denn im Winter finden die Tiere nicht genügend Futter. Diese seit Langem gepflegte Wildfütterung hat nun eine neue Gestaltung erfahren. Ein neuer Palisadenzaun aus Lärchenholz hat den alten Maschenzaun ersetzt. Ein elf Meter hoher Holzturm ermöglicht das Betrachten der Tiere von zwei Aussichtsplattformen in jeweils 3 bzw. 6 Meter Höhe. Ein weiteres Wintervergnügen können wir dann noch auf dem Hintersee genießen. Die im Winter schnell zugefrorene Eisdecke lockt dort Eisstockschützen, Schlittschuhläufer und auch Eishockeyspieler an.

St. Bartholomä im Winter – das ist einen Abstecher wert.

Weiter Blick im Aufstieg zum Hochgern

Die Chiemgauer werden auch im Winter mit reizvollen Einkehrzielen verwöhnt. Die Priener Hütte, die Riesenhütte, das Spitzsteinhaus, sie alle sind auch im Winter geöffnet. Wie auch das Hochgernhaus. Hier treffen sich Winterwanderer, Skitourengeher und Schneeschuhwanderer am warmen Kachelofen bei Hans Sima, dem Hüttenwirt. Vor allem im Winter ist bei schönem Wetter das Panorama, das wir bei Glühwein oder Jagertee genießen, unvergleichlich.

 Anfahrt

Mit dem Auto: Auf der Salzburger Autobahn (A 8) bis zur Ausfahrt Grabenstätt bzw. Bernau, dann auf der Staaatsstraße bzw. der B 305 über Grassau nach Marquartstein; in der Ortsmitte links, vorbei an der Schlossgaststätte zum Wanderparkplatz.

Mit Bahn & Bus: Mit der Deutschen Bahn bis Prien oder Bernau, dann weiter mit dem RVO-Bus nach Marquartstein-Ortsmitte (von der Bushaltestelle sind es dann noch 10 Minuten zu Fuß – vorbei an der alten Burg – zum Ausgangspunkt am Wanderparkplatz).

 Ausgangs-/Endpunkt

Wanderparkplatz oberhalb von Marquartstein (620 m).

📞 Tourist-Info

Tourist-Information Marquartstein
Rathausplatz 1
83250 Marquartstein
Telefon: 0 86 41 / 69 95 58
Internet: www.marquartstein.de

⊘ KARTE

Topographische Karte 1:50 000
„Chiemsee – Chiemgauer Alpen" (LDBV)

Das Hochgernhaus

 ## Charakter

Meist geräumter Wirtschaftsweg bis zur Agergschwendalm. Der weitere Weg zum Hochgernhaus erfolgt in der Regel auf gewalzter Piste. Dafür sollten wir aber auch eine gute Kondition mitbringen, früh starten oder eine Übernachtung einplanen, denn die Wintertage sind kurz. Die Mitnahme von Schlitten ist nur bis zur Agergschwendalm empfehlenswert, danach ist es zu steil.

 ## Höhenunterschied

Bis zum Hochgernhaus 900 m, Weiterweg zum Hochgern plus 240 m.

 ## Gehzeiten

Anstieg zur Agergschwendalm 1 ½ Std., Weiterweg zum Hochgernhaus 1 ¾ Std. Abstieg ins Tal 2 Std. Gesamtgehzeit: 5 ¼ Std.

Ausrüstung

Winterstiefel mit Profilsohle und Teleskopskistöcke. Für den Weiterweg zum Hochgernhaus sind Grödeln oder Spikes (z. B. von Kochalpin) empfehlenswert, falls die Strecke zu Vereisung neigt. Für den Gipfelanstieg sind Gamaschen von Vorteil.

 ## Einkehr & Übernachtung

Agergschwendalm (1020 m), im Winter nur an den Wochenenden bewirtschaftet; über die Weihnachtsferien jedoch durchgehend (dort gibt es Brotzeit, heiße und kalte Getränke sowie selbst gebackenen Kuchen).

Hochgernhaus (1510 m), ganzjährig bewirtschaftet, im Winter kann aber bei schlechtem Wetter geschlossen sein, 15 Betten, 20 Lager; Tel. 0 86 41 / 619 19. Am Ausgangspunkt finden wir Hinweistafeln zu den Öffnungszeiten vor.

Ein kaltes Bier, ein warmer Ofen – im Hochgernhaus

Kurz vor dem Hochgernhaus

🔵 Der Anstieg zum Hochgernhaus

Vom Wanderparkplatz folgen wir dem ausgeschilderten Wirtschaftsweg durch Wald in Richtung Hochgernhaus. Wir kürzen dabei die folgende weite Kehre auf einem Hohlweg ab (jedoch nur, wenn keine Rodler unterwegs sind, also bei knapper Schneelage), dann queren wir den Forstweg, der von Unterwössen heraufkommt. Weiter geht es auf dem nur mäßig steilen Hohlweg. Wir stoßen dann wieder auf den vorhin erwähnten Forstweg und folgen diesem dann nach rechts. Bei der folgenden Wegverzweigung halten wir uns links. Es folgt ein steiles Wegstück. Bei der nächsten Weggabelung halten wir uns rechts. Nach einer weiteren Viertelstunde Gehzeit erreichen wir die in freier Südlage befindliche Agergschwendalm. Hier können wir erst einmal innehalten und auf der Terrasse die Wangen in die Wintersonne halten. Nach einer wärmenden heißen Suppe nehmen wir den zweiten Abschnitt un-

ter die Füße. Wir gehen links am Almgebäude vorbei und folgen dem breit ausgetretenen Weg bergan, der uns zuerst durch schattigen Wald hinauf zur Wegverzweigung bei der Bergwachthütte leitet. Dort halten wir uns links und steigen in steilen Kehren bergan. Das Gelände wird freier und bald ist dann auch das Hochgernhaus erreicht.

Lange Schatten in klarer Winterluft

Beim Aufstieg zum Gipfel des Hochgern

Schneekunst am Weg

Abstecher zum Hochgern

Vom Hochgernhaus folgen wir zunächst den bergwärts führenden Trittspuren, die unter dem Hochlerch in östlicher Richtung führen. Dieser Abschnitt ist bedingt lawinengefährlich (also vorher auf der Hütte Erkundigungen einziehen). So erreichen wir den freien Westkamm des Hochgern. Rechts sehen wir bereits den Gipfel aufragen. Wir halten uns also rechts und steigen langsam bergan. In einem weiten Linksbogen umgehen wir eine große Mulde und steigen dann den westlichen Gipfelhang hinauf. Mit einigen Kehren überwinden wir das letzte steile Stück zum Gipfelkreuz.

Der Jahreszeiten-Tipp

Das Hochgernhaus bietet sich als hervorragendes Winterwanderziel vor allem auch deshalb an, weil der Zustieg zu dieser Privathütte nicht lawinengefährlich ist. Zudem verfügt die Hütte über eine ausgezeichnete Südlage, so-

dass wir bei Wintersonne auch auf der Terrasse sitzen können. Bei guter Schneelage sollten wir auch den Schlitten mitnehmen, ihn jedoch bei der Agergschwendalm zurücklassen. Von dort ist dann die Abfahrt leicht, das heißt Geübte (Hohlwegstrecke) wie auch Anfänger (Forstweg) kommen auf ihre Kosten. Leider apert die Strecke aufgrund der niedrigen Lage und der Südexposition schnell aus.

Sturm auf dem Gipfel

Blick von der Aueralm hinein in die Berge am Tegernsee

Die Aueralm über dem Tegernsee ist ein beliebtes Ganzjahresziel, das mit einer windstillen, aussichtreichen Panoramaterrasse punkten kann, die auch im Winter bei schönem Wetter ihre Fans hat. Wer es dagegen etwas wärmer mag, drängt sich im Inneren der Hütte um den anheimelnden Kachelofen. Die Wirtsleute bieten sehr viel Selbstgemachtes an, das reicht vom warmen Apfelstrudel bis hin zu Ausgezogenen und diversen Suppen. Eine Tour für jedermann, zu jeder Jahreszeit. Denn auch mit Lawinengefahr muss im Winter nicht gerechnet werden.

Anfahrt

Mit dem Auto: Auf der Salzburger Autobahn (A 8) bis zur Ausfahrt Holzkirchen, dann auf der B 318 über Gmund nach Bad Wiessee. Am südlichen Ortsrand folgen wir dem Sträßchen (Wegweiser) steil hinauf zum Berggasthaus Sonnbichl; die Straße endet oberhalb davon beim großen Wanderparkplatz. Wir könnten jedoch auch am Eingang ins Söllbachtal parken, dann müssen wir nach dem Abstieg nicht noch einen Gegenanstieg meistern, um zum Auto zu gelangen.

Mit Bahn & Bus: Mit der Bayerischen Oberlandbahn (BOB) von München über Holzkirchen zum Haltepunkt Gmund am Tegernsee; von dort weiter mit dem RVO-Bus nach Bad Wiessee bis zum Ortsteil Abwinkl. Dann weiter zu Fuß.

Ausgangs-/Endpunkt

Wanderparkplatz Zeiselbachtal (850 m).

Charakter

Im Aufstieg breiter, geräumter Wanderweg, im zweiten Teil sehr steil, daher ist die Mitnahme von Grödeln oder Spikes und Teleskopstöcken durchaus sinnvoll. Der Abstieg erfolgt auf dem breiten Wirtschaftsweg.

Höhenunterschied

430 Hm im Auf- wie im Abstieg.

Gehzeiten

Vom Wanderparkplatz durchs Zeiselbachtal zur Aueralm 2 Std.; Rückweg 2 Std. Gesamtgehzeit: 4 Std.

Tourist-Info

Tourist-Information Bad Wiessee
Lindenplatz 6
83707 Bad Wiessee
Telefon: 0 80 22 / 860 30
Internet: www.bad-wiessee.de

⊘ KARTE
Topographische Karte 1:50 000
„Tölzer Land - Starnberger See" (LDBV)

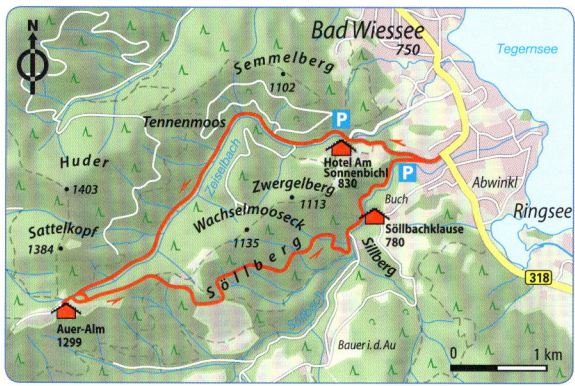

Freude auf die Fahrt hinunter

🌙 Einkehr & Übernachtung

Aueralm (1299 m), von Anfang Dezember bis Weihnachten (1. Weihnachtsfeiertag) geschlossen, ansonsten ganzjährig täglich bewirtschaftet, Tagesbetrieb von 9 bis 18 Uhr, Montag Ruhetag; Tel. 0 80 22 / 836 00.

Berggasthaus Sonnbichl (830 m), kurz vor dem Wanderparkplatz, ganzjährig bewirtschaftet.

Söllbachklause (780 m), zurzeit geschlossen (Wiedereröffnung evtl. im Jahr 2016).

Die Route

Vom Wanderparkplatz folgen wir den zahlreichen Wegweisern zunächst eben in das schattige Zeiselbachtal hinein. Es geht immer am Bach entlang. Der Weg verengt sich und wird dann bald recht steil (hier sind Teleskopstöcke sehr hilfreich!). Wir verlassen den Wald und treffen auf die aus dem Söllbachtal heraufführende Almstraße. Auf dieser rechts weiter zur bald sichtbaren Aueralm.

Der Abstieg

Auf dem Anstiegsweg ein Stück zurück, dann geradeaus weiter (nicht links hinab ins Zeiselbachtal) und immer dem breiten Wirtschaftsweg folgen, der uns durch die bewaldete Südseite des Söllbergs durch Wald hinab ins Söllbachtal lei-

tet. Dort angelangt, halten wir uns links und treffen bald auf die auch im Winter bewirtschaftete Söllbachklause. Weiter am Bach entlang erreichen wir dann den Ortsteil Abwinkl von Bad Wiessee. Falls wir oben am Berg geparkt haben, müssen wir noch einen kleinen Anstieg meistern.

🔊 Der Jahreszeiten-Tipp

Natürlich ist die Aueralm ein Ganzjahresziel. Aber der Anstieg hinauf zu dieser an aussichtsreicher Stelle gelegenen Almhütte hat im Winter doch etwas Besonderes. Nicht nur, dass dann der Kachelofen beheizt wird und uns warme Getränke und warmes Essen wieder aufwärmen, nachdem wir ein paar Stunden durch den Schnee gestapft sind, nein, auch die Aussicht an klaren Tagen ist beeindruckend. Ein rundum schönes Wintererlebnis erwartet uns.

Hände wärmen an einer warmen Tasse Tee

Sonne und das Brauneck im Blick

Die Lenggrieser Hütte ist im Winter erste Wahl, wenn wir eine gemütliche Hütte als Ziel vor Augen haben, der Anstieg nicht zu lange sein soll und zu guter Letzt ein leichter Aussichtsgipfel auf dem Programm steht. Neben einem gemütlichen Ambiente bieten die Wirtsleute eine bodenständige Küche, was nach einem Anstieg bei kühlen Temperaturen nicht zu verachten ist. So gibt es – aber nicht immer – Schweinekrustenbraten, Wildgerichte, Ausgezogene, Striezel, Suppen (z.B. Speckknödelsuppe) und natürlich typische Brotzeiten.

 Anfahrt

Mit dem Auto: Auf der Salzburger Autobahn (A 8) bis zur Ausfahrt Holzkirchen (oder über die Garmischer Autobahn / A 95 bis Ausfahrt Sindelsdorf und weiter nach Bad Tölz), dann auf der B 13 über Bad Tölz und Lenggries zum Ortsteil Hohenburg. Dort links zum Wanderparkplatz (gebührenpflichtig) vor dem Schloss.
Mit Bahn & Bus: Mit der Bayerischen Oberlandbahn (BOB) bis zur Endstation Lenggries, dann weiter zu Fuß nach Hohenburg.

 Ausgangs- / Endpunkt

Lenggries (697 m) bzw. Wanderparkplatz in Hohenburg (710 m).

 Charakter

Zu Beginn geräumter Wirtschaftsweg, dann leichter Bergsteig. Der Abstieg über die Grasleite erfolgt dann ebenfalls auf einem Bergsteig. Beide Steige sind im Winter schon mal vereist, deshalb ist die Mitnahme von Grödeln und Teleskopstöcke sehr zu empfehlen.
Dies gilt auch für den Gipfelweg.

 Höhenunterschied

930 Hm im Auf- wie im Abstieg, einschließlich Gipfelwanderung.

 Gehzeiten

Anstieg von Lenggries über den Winterweg 2 ½ Std., Abstieg über die Grasleite 1 ½ Std. – Anstieg von der Hütte zum Seekarkreuz ¾ Std., Abstieg zur Hütte ½ Std. Gesamtgehzeit: 5 ¼ Std.

 Einkehr & Übernachtung

Lenggrieser Hütte (1338 m), AV-Hütte, Kat. I, 50 Lager, ganzjährig bewirtschaftet, im Frühjahr und im Spätherbst jeweils 3-4 Wochen geschlossen, Dienstag Ruhetag, bei Übernachtung von Gruppen ist eine Voranmeldung ratsam; Tel. 0 175 / 596 28 09.

☎ **Tourist-Info**

**Gästeinformation Lenggries
83661 Lenggries
Telefon: 0 80 42 / 50 08 800
Internet: www.lenggries.de**

⊘ KARTE

Topographische Karte 1:50 000
„Tölzer Land - Starnberger See" (LDBV)

Weg (Wegtafeln, Mark.-Nr. 621/622), der uns bald durch dichten Wald zum östlichen Gipfelkamm führt. Auf diesem links hinauf über freies Gelände zum großen Kreuz.

Pause an der Lenggrieser Hütte

Der Aufstieg über den Winterweg

Vom Parkplatz in Hohenburg folgen wir dem ausgeschilderten, meist geräumten Wirtschaftsweg in Richtung Hirschtalsattel. Der Anstieg zur Lenggrieser Hütte zweigt dann bei der hohen Brücke rechts ab, verläuft kurz auf dem Sulzersteig und verlässt diesen aber bald nach links. Er trifft dann weiter oben auf den Hüttenfahrweg, dem wir anschließend rechts zur Hütte folgen. Bei hoher Schneelage wandern wir jedoch komplett auf dem Fahrweg über den Hirschtalsattel.

Der Abstieg über die Grasleite

Diese Hüttenwegsvariante kann nur bei guten Bedingungen empfohlen werden. Nach Tauwetter und wieder anziehenden Temperaturen kann er arg vereist sein. Der Weg ist jedoch gut ausgeschildert und leicht zu finden.

Der Hüttengipfel

Der ist natürlich das Seekarkreuz, und da die Hütte etwas im Wald liegt, unternehmen wir diesen Abstecher gerne, um die winterliche Pracht der Bayerischen Voralpen ganz genießen zu können. Von der Lenggrieser Hütte folgen wir dem in Richtung Osten führenden

Der Jahreszeiten-Tipp

Das Großartige dieser Alpenvereinshütte ist natürlich die ganzjährige Öffnungszeit. Überdies verfügt die Hütte über einen lawinensicheren Zugangsweg; dies gilt für den Aufstieg in Richtung Hirschtalsattel sowie über den Abstieg über die Grasleite. Auch der Hüttengipfel – die Seekarspitze – kann im Winter ohne besondere Ausrüstung bestiegen werden. Dann zeigen sich bei schönem Wetter die umliegenden Berge besonders klar. Nach Neuschnee sollte aber der Rat des Hüttenwirts eingeholt werden.

Hinein in den dicht verschneiten Winterwald

Die Odenwälder im letzten Anstiegsabschnitt zum Herzogstandgipfel

Die Bayerischen Voralpen waren schon in früher Zeit ein beliebtes Jagdrevier der Bayernherzöge. Ludwig II. machte dann während seiner Amtszeit in der zweiten Hälfte des 19. Jahrhunderts den Herzogstand zu einem seiner Lieblingsberge und ließ knapp unterhalb des Gipfels ein Jagdhaus und auf dem Gipfel einen Pavillon errichten. Der „Märchenkönig" ritt damals noch etwas beschwerlich von der Kesselberghöhe auf dem sogenannten Reitweg hinauf zur Königshütte, den heutigen Herzogstandhäusern. Dieser Route wollen wir auch heute folgen, wenngleich in winterlichem Gewande. Mit wenig zusätzlicher Anstrengung können wir dann einen Panoramablick der Extraklasse genießen, indem wir anschließend zum Herzogstandgipfel hinaufwandern: Tief unter uns blinkt auf der einen Seite der Kochelsee herauf, auf der anderen Seite zieht uns der Walchensee in seinen Bann. Und darüber erheben sich die Karwendelberge. Bei guter Fernsicht sind sogar Großglockner und Großvenediger zu erkennen.

Des Königs liebster Aussichtsberg

KARTE

Topographische Karte 1:50 000
„Tölzer Land - Starnberger See" (LDBV)

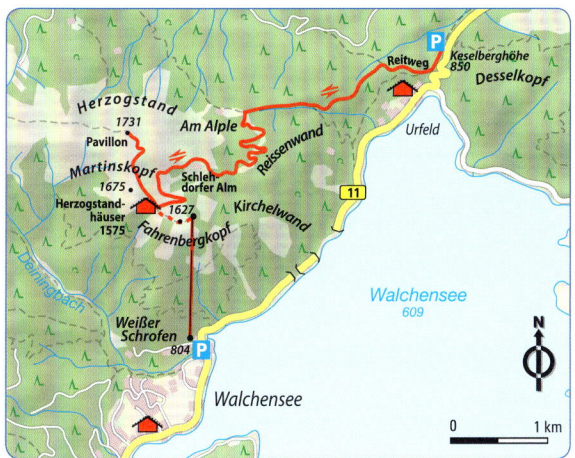

Anfahrt

Mit dem Auto: Auf der Garmischer Autobahn (A 95) bis zur Ausfahrt Kochelsee, dann auf der Staatsstraße 2062 nach Kochel am Kochelsee und weiter auf der B 11 hinauf zur Kesselberghöhe; dort gibt es im Bereich der Kesselberghöhe (kurz davor und auf der Walchenseeseite) mehrere Wanderparkplätze. Falls wir uns den Aufstieg sparen wollen, können wir auch mit der Herzogstandbahn hinauffahren. In diesem Fall fahren wir weiter nach Walchensee zur Talstation der Herzogstandbahn mit dem großen, gebührenpflichtigen Wanderparkplatz.

Mit Bahn & Bus: Mit der Deutschen Bahn von München über Weilheim und Murnau nach Kochel am See; von dort weiter mit dem RVO-Bus zur Kesselberghöhe (den Fahrer informieren, wo man aussteigen will) oder weiter nach Walchensee zur Talstation der Herzogstandbahn.

☎ Tourist-Info

Tourist-Information
Ringstraße 1
82432 Walchensee
Telefon: 0 88 58 / 411
Internet: www.walchensee.de

 ## Ausgangs- / Endpunkt

Kesselberghöhe (849 m) oder Bergstation der Herzogstandbahn (1600 m).

Bergbahn

Herzogstandbahn (Großkabinenbahn), nahezu ganzjährig in Betrieb, in der Nebensaison (also im Winter) von 9–17.15 Uhr bzw. nur nach Bedarf. Mittagspause von 12–13 Uhr; Tel. 0 88 58 / 236.

 ## Charakter

Die Strecke von der Kesselberghöhe bis zu den Herzogstandhäusern führt in der Regel entlang einer ausgetretenen Fußspur bzw. im oberen Bereich entlang der Skipiste (entsprechende Hinweisschilder beachten!). Der weitere Aufstieg vom Berggasthaus zum Herzogstand hängt von der Schneelage und den sonstigen Wetterbedingungen ab. Im Hochwinter bei hoher Schneelage nicht ungefährlich. Grödel und Teleskopstöcke unbedingt mitnehmen.

Der Gipfelpavillon

Höhenunterschied

Von der Kesselberghöhe zum Herzogstand 882 Hm. Von der Bergstation der Bergbahn zu den Herzogstandhäusern 25 Hm im Abstieg, von dort hinauf zum Pavillon auf dem Herzogstand 100 Hm.

Gehzeiten

Von der Kesselberghöhe zu den Herzogstandhäusern 3 Std., Gipfelaufstieg 1 Std., Abstieg von dort zum Berggasthaus ½ Std., Abstieg zum Ausgangspunkt 2 Std. Gesamtgehzeit: 6 ½ Std. Oder: Übergang in 15 Minuten zur Bergstation der Herzogstandbahn und Abfahrt mit dieser. Rückkehr zum Ausgangspunkt mit dem RVO-Bus.

Der Grat zum Heimgarten, im Winter eine alpine Tour

Einkehr & Übernachtung

Herzogstandhäuser (1575 m), ganzjährig bewirt-schaftet (mit Ausnahme von ca. Ende November bis Weihnachten), für Tagesbesucher nur bis 16 Uhr geöffnet, 25 Betten, 50 Lager, Übernachtung nur nach Voranmeldung; Tel. 0 88 51 / 234. Weitere Gasthäuser am Walchensee.

Die Route

Auf der Kesselberghöhe halten wir uns – in Richtung Kochelsee – links und starten unsere Wanderung am Beginn des ausgeschilderten Wirtschaftsweges. Der ehemalige königliche Reitweg ist gut zu erkennen, ist aber natürlich nicht geräumt. Es ist jedoch in der Regel gut ausgetreten, sodass wir mit der Wegfindung keine Problem haben dürften. Wir steigen zunächst gemächlich an, halten uns bei der ersten Wegverzweigung rechts, bei der zweiten links und treffen dann auf die Skipiste. Wir halten uns immer an deren Rand oder folgen den orangefarbenen Markierungen (dann geht es aber möglicherweise durch tiefen Schnee). Nach viel Neuschnee sollten wir uns jedoch immer an der Piste orientieren. An der Talstation eines Schleppliftes vorbei, zieht unser Weg dann in Kehren hinauf zu den Herzogstandhäusern.

Von dort ist der weitere Weg zum Gipfel bereits einsehbar. Im Sommer leitet ein guter Wanderweg – immer gut ausgeschildert – hinauf zum Herzogstand. Wir müssen im Winter mit Pfadspuren vorliebnehmen, die Route ist jedoch klar. Mäßig ansteigend geht es rechts am Martinskopf vorbei und direkt auf den dicht mit Latschen bewachsenen Gipfelhang zu. Dann steigen wir über zahlreiche Serpentinen bergwärts. Wir erreichen zuerst das etwas tiefer gelegene Gipfelkreuz und wandern dann in wenigen Minuten hinauf zum höchsten Punkt, den ein Pavillon schmückt. – Die Rückkehr erfolgt auf dem Anstiegsweg.

Der Blick über den Grat zum Rötelstein

🔊: Der Jahreszeiten-Tipp

Der Herzogstand bietet sich vor allem deshalb als Winterziel an, weil dann die Sicht unbeschreiblich ist, die Herzogstandbahn das ganze Jahr über in Betrieb ist. Der Aufstieg von der Kesselberghöhe zu den Herzogstandhäusern ist gefahrlos. Wer jedoch weiter zum Herzogstandgipfel bzw. zum Pavillon gehen will, sollte sich vorher beim Hüttenwirt erkundigen. Doch einmal oben angelangt, erwartet uns ein unbeschreibliches Glücksgefühl. Tief unter uns die beiden Vorgebirgsseen, der Wal-chensee und der Kochelsee sowie die ganzen Bayerischen Voralpen in all ihrer Herrlichkeit. Denn die Schneeauflage gibt ihnen eine besondere Plastizität, die im Sommerdunst untergeht. Falls der Wind dort oben zu heftig weht? Kein Problem! Schließlich gibt es den schützenden Pavillon!

Dohlen hoffen auf eine winterliche Brotzeit

Windgeschützte Pause am Gipfel

„Eisige" Wege durch die Partnachklamm

Die Partnachklamm ist ein Ganzjahreserlebnis. Aber einen besonderen Reiz strahlt diese wohl attraktivste Felsenschlucht oberhalb von Garmisch-Partenkirchen im Winter aus. Das im Sommer herabstürzende Wasser ist dann gefroren und bildet mächtige, ja bizarre Eisgebilde aus, die in der Wintersonne das Licht brechen. Die knapp 800 Meter lange Klamm ist nur der erste Teil unserer spektakulären Wanderung. Anschließend geht es hinauf zum aussichtsreich gelegenen Berggasthof Eckbauer, wo wir bei guten Wetterverhältnissen auch im Winter auf der Terrasse sitzen können und die prächtige Winterlandschaft des Wettersteingebirges betrachten können. Der Weg hinab ins Tal ist dann nur mehr ein Hupfer, denn wir nehmen die Eckbauerbahn in Anspruch, da die Wintertage ja nicht besonders lang sind.

Anfahrt

Mit dem Auto: Auf der Garmischer Autobahn (A 95) bis zu deren Ende, dann auf der B 2 weiter bis Garmisch-Partenkirchen; dort weiter in Richtung Mittenwald, bis rechts Wegweiser zum Olympia-Skistadion leiten. Dort großer, gebührenpflichtiger Parkplatz.

Mit Bahn & Bus: Mit der Deutschen Bahn von München nach Garmisch-Partenkirchen. Von dort mit dem Ortsbus weiter zum Olympia-Skistadion.

Ausgangs-/Endpunkt

Olympia-Skistadion in Garmisch-Partenkirchen (707 m).

Bergbahn

Die Eckbauerbahn ist eine Kleinkabinenbahn und verbindet das Olympia-Skistadion mit der Bergstation auf einer Höhe von 1230 m. Diese Bergbahn verkehrt ganzjährig, im Winter von 9–16.30 Uhr; Tel. 0 88 21 / 34 69.

Charakter

Schöne Winterwanderung. Der Weg durch die Partnachklamm ist im Winter geräumt und gewartet. Bei Gefahr von Lawinenabgängen und zur Zeit der Schneeschmelze wird die Klamm gesperrt. Für den steilen Aufstieg zum Berggasthaus Eckbauer sind bei Vereisung Teleskopstöcke und Grödeln sehr hilfreich.

Höhenunterschied

530 Hm im Anstieg, 10 Hm im Abstieg, wenn wir die Eckbauerbahn benutzen.

☎ Tourist-Info

Tourist-Information Garmisch-Partenkirchen
Richard-Strauß-Platz 2
82467 Garmisch-Partenkirchen
Telefon: 0 88 21 / 18 07 00
Internet: www.garmisch-partenkirchen.de

⦿ KARTE

Topographische Karte 1:50 000 „Werdenfelser Land - Ammergauer Alpen" (LDBV)

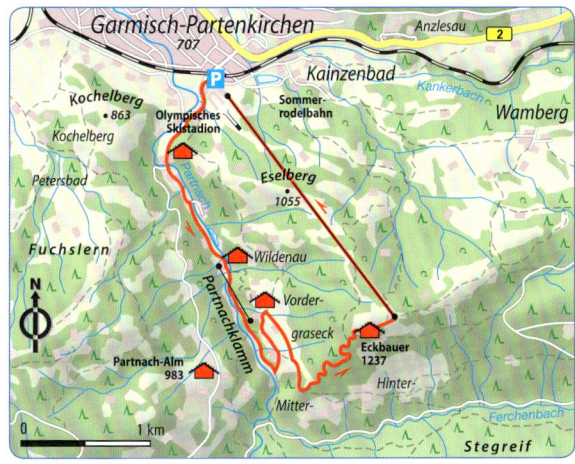

🚶 Gehzeiten

Von Garmisch-Partenkirchen durch die Partnachklamm zum Berggasthaus Eckbauer 2 Std.; Abstieg zur Bergstation der Eckbauerbahn 10 Minuten. Gesamtgehzeit: 2 ¼ Std.

 Einkehr & Übernachtung

Gasthäuser am Eingang in die Partnachklamm. **Berggasthaus Eckbauer** (1237 m), ganzjährig bewirtschaftet, Mittwoch Ruhetag, im November und im April geschlossen. Keine Übernachtung im Winter; Tel. 0 88 21 / 22 14. **Hotel Graseck** (890 m) in Vordergraseck.

Die Route

Vom Parkplatz beim Olympia-Skistadion schlendern wir zunächst auf der gesperrten Straße bis zum Eingang der Partnachklamm (diese Strecke könnten wir auch mit der Pferdekutsche zurücklegen, ein Genuss, der unseren Ausflug noch eine zusätzliche Würze gibt). Dort bietet sich bereits die erste Einkehrmöglichkeit an. Nachdem wir unseren Eintritt entrichtet haben (übrigens: Alpenvereinsmitglieder zahlen weniger!), nimmt uns die gewaltige, 80 Meter

hohe Klamm auf, die wir auf einem gut angelegten und gesicherten Steig durchwandern. Am oberen Ende der Schlucht wir es schlagartig hell. Wir folgen kurz dem Weg an der nun stillen Partnach entlang, bis links der Weg nach Vordergraseck abzweigt. Dort wartet schon die nächste Einkehrmöglichkeit. Wir gehen kurz auf dem Anstiegsweg zurück und folgen dann links dem breiten, ausgeschilderten Wanderweg bergwärts. Nach etwa 20 Minuten wird es steil. Wir halten uns links und steigen über zahlreiche Serpentinen hinauf Berggasthof Eckbauer. Dort oben genießen wir den weiteren Tag und schlendern dann auf geräumtem Weg das kurze Stück hinab zur Bergstation der Eckbauernbahn, die uns bequem zu Tal trägt.

📢 Der Jahreszeiten-Tipp

Die Partnachklamm ist natürlich auch im Sommer ein Magnet für Wanderer, aber so mancher findet sie im Winter noch reizvoller. Schließlich gehört sie auch zu den wenigen Klammen, die im Winter geöffnet sind. Die meterhohen, glitzernden Eiszapfen, das gurgelnde, noch nicht gefrorene Wasser, die sich ständig verändernde bizarre Eislandschaft bilden zusammen ein besonderes Wintererlebnis. Der gesicherte Steig ist im Winter gewartet und gestreut. Geöffnet ist die Klamm von 9 bis 17 Uhr.

Schneegestöber in der engen Klamm

Aufstieg zum Hörnle

Auf diesem kleinen Voralpengipfel steht die im Jahre 1911 erbaute Hörndlhütte; sie gehört zu den wenigen ganzjährig bewirtschafteten Alpenvereinshütten in den Bayerischen Voralpen. Grund dafür ist natürlich die Hörnlebahn, die auch im Winter für einen regen Betrieb sorgt. Falls wir uns also zu Fuß hochmühen, werden wir immer eine warme Einkehrmöglichkeit vorfinden, und das ist ja schon ganz schön beruhigend. Aber auch wenn wir es uns bequem machen und mit dem Sessellift hochfahren wollen: Der leichte Höhenweg zum Hinteren Hörnle bringt unseren Kreislauf in Schwung, sodass wir danach guten Gewissens einkehren können.

☎ Tourist-Info

**Kur- und Tourist-Information
im Haus des Gastes
82433 Bad Kohlgrub
Telefon: 0 88 45 / 742 20
Internet: www.bad-kohlgrub.de**

🚐🚗 Anfahrt

Mit dem Auto: Auf der Garmischer Autobahn (A 95) bis Ausfahrt Murnau / Kochel, dann auf der Staatsstraße 2062 über Murnau nach Bad Kohlgrub; im Ort ist der Weg zur Hörnlebahn ausgeschildert; dort großer Parkplatz.

Mit Bahn & Bus: Mit der Deutschen Bahn über Weilheim und Murnau bis zum Bahnhof Bad Kohlgrub. In Bad Kohlgrub Busverbindung zur Talstation der Hörnlebahn (oder auch zu Fuß in 20 Minuten).

🏕 Ausgangs- / Endpunkt

Talstation der Hörnlebahn (932 m).

⛰ Bergbahn

Die Hörnleschwebebahn verbindet die Talstation mit der Hörndlhütte (wenige Meter oberhalb). Ganzjahresbetrieb mit Ausnahme von November und April von 9–16 Uhr, im Dezember jedoch nur an den schönen Wochenenden; Tel. 0 88 45 / 592.

🧍 Charakter

Geräumte Winterwanderwege und ausgetretene Pfadspuren.

⛰ Höhenunterschied

620 Hm im Auf- wie im Abstieg (bis zum Hinteren Hörnle), falls wir auf den Sessellift ganz verzichten.

🧍 Gehzeiten

Vom Parkplatz an der Talstation zur Hörndlhütte 2 Std., Weiterweg zum Hinteren Hörnle 1 Std., Abstieg nach Bad Kohlgrub 1 ½ Std. Gesamtgehzeit: 4 ½ Std.

KARTE

Topographische Karte 1:50 000 „Pfaffenwinkel – Ammergauer Alpen (nördl. Teil)" (LDBV)

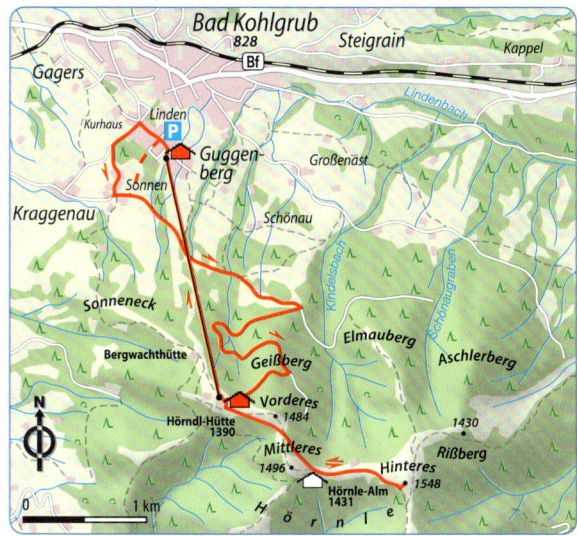

Einkehr & Übernachtung

Hörndlhütte (1390 m), AV-Hütte der Kat. II, 24 Lager (in einem großen Raum), nahezu ganzjährig bewirtschaftet, November und April geschlossen, Übernachtung am Wochenende nur nach Voranmeldung; Tel./Fax: 0 88 45/229.

Guggenbergalm, 900 m, Berggasthof, nahezu ganzjährig bewirtschaftet, kein Ruhetag; Tel. 0 88 45/75 86 28.

Die Route

An der Talstation der Hörnlebahn folgen wir entweder dem direkten Weg rechts der Seilbahn durch ein Waldstück (oder wir gehen auf der Anfahrtsstraße ein Stück zurück und folgen links dem Fahrweg zum Weiler Linden, wo wir uns rechts halten). Beide Wege treffen sich bald wieder. Wir kreuzen nun die Piste, durchqueren noch mal ein Waldstück und im weiteren Verlauf die Trasse der Seilbahn. Auf der anderen Seite geht es auf dem gut ausgeprägten und meist geräumten Wirtschaftsweg entlang

höher (immer mit der Markierung des 18 E). Wald und freies Gelände wechseln sich ab. Unser Weg macht dann einen scharfen Knick nach rechts und weiter geht es bergan über mehrere Kehren hinauf zur Bergstation der Hörnle-Seilbahn. Von da sind es nur mehr wenige Meter zum Alpenvereinshaus.

Höhenweg zum Hinteren Hörnle: Von der Hörndlhütte halten wir uns links und wandern leicht ansteigend auf dem breiten, gut ausgetretenen Almweg in östlicher Richtung auf die drei Hörnlegipfel zu. Das Vordere und Mittlere Hörnle lassen wir links bzw. rechts liegen, obwohl sich die Ersteigung durchaus lohnen würde, denn auch sie sind mit kleinen Gipfelkreuzen geschmückt, und erreichen so die im Winterschlaf liegende Hörnlealm. In gleicher Richtung geht es weiter, bis rechts der Pfad auf das Hintere Hörnle abzweigt. Der normale Weg führt jedoch weiter auf dem Fahrweg um das Hintere Hörnle herum, wo uns dann der Gipfelweg über die Nordostseite zum schlichten Holzkreuz führt.

Der Jahreszeiten-Tipp

Auch wenn wir keine Skifahrer oder Rodler sind, hat uns das Hörnle einiges zu bieten. Angenehm ist auch, dass selbst bei mäßiger Schneelage der Sessellift in Betrieb ist, sodass auch Winterwanderer auf ihre Kosten kommen.

Der Winterweg hinauf zur Hörndlhütte ist vielleicht nicht geräumt, aber immer gut ausgetreten, sodass wir beim Aufsteigen wenig Probleme haben. Damit wir eine volle Rundumsicht genießen können, müssen wir natürlich bis aufs Hintere Hörnle steigen. Dann aber haben wir trotz der relativ niedrigen Gipfelhöhe einen fantastischen Blick aufs Alpenvorland, der bis zum Starnberger See reicht, sowie auf die Ammergauer Alpen und Teile des

38 Das August-Schuster-Haus am Pürschling
Von Unterammergau zu einem beliebten Unterkunftshaus

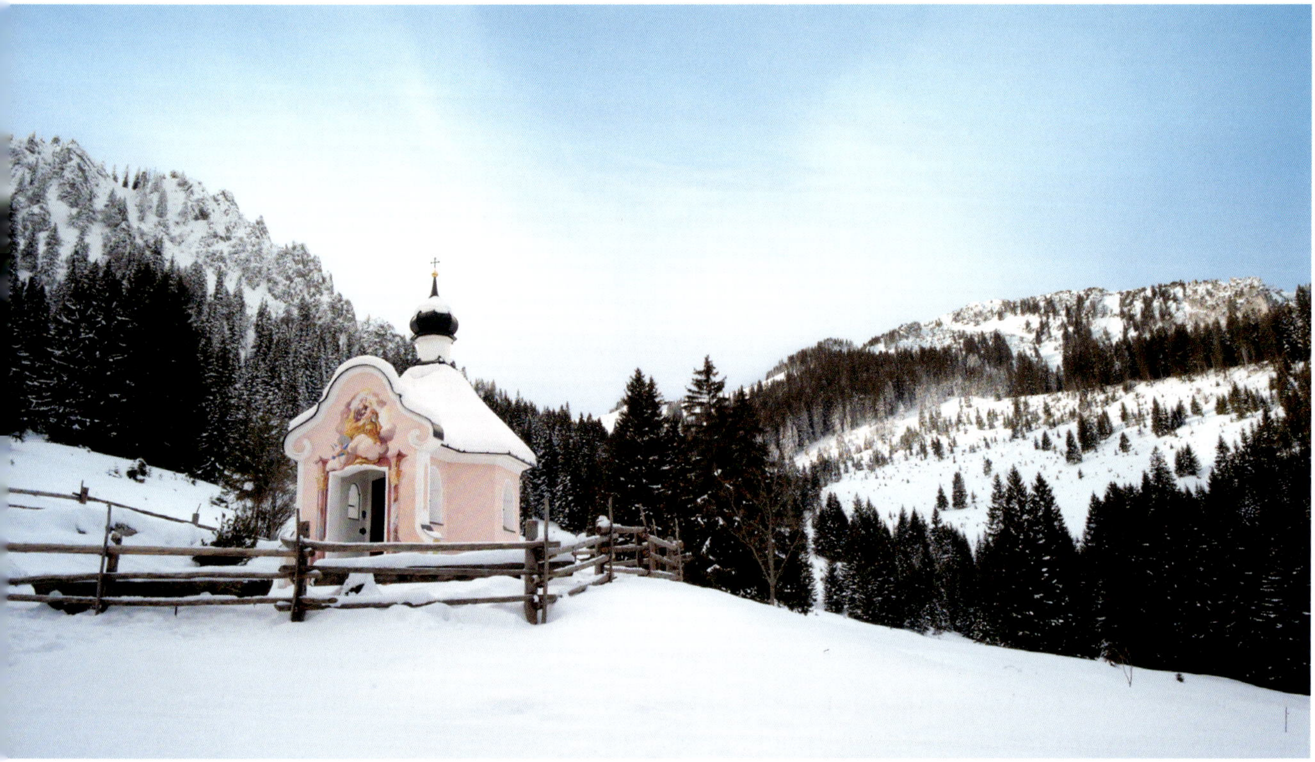

Die Kapelle auf dem Weg zum Pürschling

Auf dem Pürschling finden wir im Winter einen herrlichen Platz. Schon die Bayerischen Könige wussten diesen Ort über dem Graswangtal zu schätzen. König Max II. hatte hier ein Jagdhaus und auch Ludwig II. stattete diesem einen Besuch ab. Heute steht hier ein Alpenvereinshaus, das zwar nach einem bekannten Bergausrüster benannt, doch gegen den alteingeführten Namen hat er keine Chance. Die Bergwanderer sprechen nämlich nur von den Pürschlinghäusern (die Nebengebäude zählen auch dazu), dem Standort der Hütte, jener Kammerhebung auf dem langen Bergzug, der sich von Oberammergau bis Füssen erstreckt. Die Küche ist auf einen großen Andrang eingestimmt, es gibt nicht nur Brotzeiten, sondern auch warme Gerichte – den ganzen Tag über. Von Linseneintopf bis Gulaschsuppe und Schweinsbraten am Wochenende ist alles drin. Ein Punkt, den wir an einem kalten Wintertag nicht gering schätzen wollen.

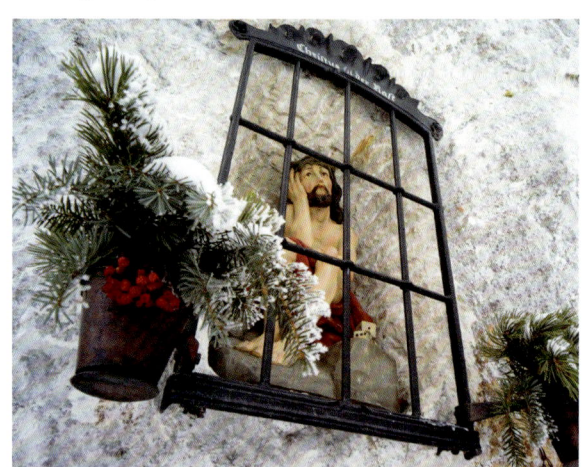

Wegbegleiter

⊘ KARTE

Topographische Karte 1:50 000 „Pfaffenwinkel – Ammergauer Alpen (nördl. Teil)" (LDBV)

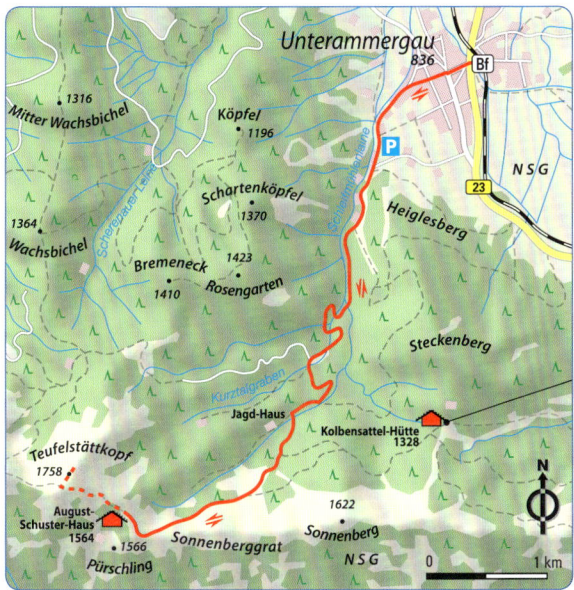

🚐🚗 Anfahrt

Mit dem Auto: Auf der Garmischer Autobahn (A 95) bis zur Ausfahrt Murnau / Kochel, dann über Murnau, Bad Kohlgrub nach Unterammergau. Nach Überquerung der Ammer rechts ab zum Parkplatz am Beginn des Wirtschaftsweges zum August-Schuster-Haus.

Mit Bahn & Bus: Mit der Bahn über Weilheim und Murnau nach Unterammergau. Dort weiter zu Fuß über die Pürschlingstraße zum Parkplatz an der Schleifmühlenlaine.

☀🏔 Ausgangs- / Endpunkt

Wanderparkplatz am Eingang zur Schleifmühlenlaine (870 m).

☎ Tourist-Info

Oberammergau Tourismus
Eugen-Papst-Str. 9a
82487 Oberammergau
Telefon: 0 88 22 / 92 27 40
Internet: www.oberammergau.de

🧍 Charakter

Der Wirtschaftsweg zum August-Schuster-Haus ist im Winter geräumt. Der Gipfelabstecher zum Teufelstättkopf erfolgt auf Fußspuren und setzt Trittsicherheit und Schwindelfreiheit voraus. Drahtseilsicherung am Gipfelfelsen.

🏔 Höhenunterschied

700 Hm im Auf- wie im Abstieg.

🚶 Gehzeiten

Von Unterammergau zum August-Schuster-Haus 2 ¾ Std., Abstieg ins Tal 2 Std. Gesamtgehzeit: knapp 5 Std. Gipfelweg: Vom August-Schuster-Haus 1 ½ Std., Rückweg zur Hütte 1 Std.; insgesamt: 2 ½ Std.

🌙 Einkehr & Übernachtung

August-Schuster-Haus (1564 m), AV-Haus der Kat. II, 54 Betten, 12 Lager, ganzjährig bewirtschaftet, November geschlossen; Tel. 0 88 22 / 35 67.

Gaststätten in Unterammergau.

Blick hinab in das Graswangtal

 **Der Anstieg von Unterammergau**

Vom Parkplatz an der Schleifmühlenlaine bzw. an den Steckenliften folgen wir zunächst der geräumten bzw. präparierten Forststraße in Richtung Süden, auf der linken Seite der Laine. Über freies Gelände, dann auch durch Wald geht es bergan. Wir treffen auf eine Weggabelung. Der linke Weg (dieser ist steiler) wie auch der rechte führen uns nach oben, denn sie treffen sich nach einiger Zeit wieder. Wir passieren dann eine Schranke. Ist sie geöffnet, können wir weitergehen, ist sie jedoch geschlossen, bedeutet das „Lawinengefahr" und wir müssen wieder umkehren! An der Josephskapelle vorbei geht es in die Nordflanke des Sonnenbergs. Unser Weg biegt dann nach rechts um, verlässt den Wald und führt in einem weiten Rechtsbogen steil hinauf zu den bereits teilweise sichtbaren Gebäuden der Pürschlinghäuser. Dieser letzte Abschnitt hat es in sich, aber bald ist es geschafft und wir genießen alsbald ein heißes Getränk unserer Wahl – und damit ist der Anstieg auch schon wieder vergessen und wir widmen uns ganz unbelastet der Speisekarte.

 **Die Rückkehr**

Der Abstieg (oder die Abfahrt) erfolgt auf dem Anstiegsweg.

Der Hüttengipfel

Den meisten wird wohl der Anstieg zu den Pürschlinghäusern als Tagesleistung genügen. Wer jedoch noch Ambitionen auf einen Gipfel hat, dem bietet sich der markante Felsgipfel des Teufelstättkopfs an. Er ist der eigentliche Hüttenberg des August-Schuster-Hauses. Vom diesem folgen wir zunächst dem ausgeschilderten Weg, der am Fuß des steilen Schneehanges auf der Nordseite des Alpenvereinshauses beginnt. Wir treten in die ausgetretenen Spuren und steigen bergwärts an, gehen seitlich an der Bergwachthütte vorbei und gelangen so auf den bald flacher werdenden Kammrücken. Nun auf schmalem Pfad überwiegend auf seiner Südseite nur mehr leicht ansteigend weiter zum Fuße des Teufelstättkopfs (1758 m). Bei hoher Schneelage sind hier natürlich Schneeschuhe von Vorteil. Rechts geht es über Blockwerk zum felsigen Gipfelaufbau. Auf seiner Ostseite führt nun ein seilgesicherter Steig durch eine Rinne hinauf zum Gipfelkreuz. Da dieser Teil meist vereist und schneebedeckt ist, müssen wir selbst entscheiden – je nach Situation, ob die letzte Etappe zum Gipfel noch machbar ist. Ist die Route noch nicht gespurt, sollten wir als Ortsunkundige einen Anstieg unterlassen.

Schneesturm am August-Schuster-Haus

Die Pürschlinghäuser im Winterkleid

📢 Der Jahreszeiten-Tipp

Die Pluspunkte dieser Tour sind schnell aufgezählt: Das angesteuerte Unterkunftshaus auf dem Pürschling steht aussichtsreich über dem Graswangtal, es ist ganzjährig geöffnet und es hat mit dem Teufelstättkopf einen reizvollen Hüttengipfel. Doch damit nicht genug: Die Naturrodelbahn vom Pürschling hinab ins Tal gehört zu den rasantesten Strecken in den Bayerischen Alpen. Die große windgeschützte Terrasse auf der Südwestseite des August-Schuster-Hauses ist sehr beliebt und daher meist voll, wem es aber draußen zu frisch wird, wärmt sich am gut beheizten Kachelofen drinnen.

📢 Der Extra-Tipp

Die Anstiegsroute von Unterammergau ist eine beliebte und auch lange Rodelstrecke. Sehr viele, die die Pürschlinghäuser im Winter besuchen wollen, nehmen deshalb auch ihren Schlitten mit. Die Abfahrt ist eine der längsten in den Bayerischen Alpen. Abfahrt am besten

am Nachmittag, wenn die Bergwanderer bereits die Alpenvereinshütte erreicht haben. Denn an schönen Tagen herrscht ein reger Betrieb.

Winterwald beim Abstieg

Auf Schneeschuhen hinauf zur Willersalpe

Drei typische Allgäuer Männer, ja, um genauer zu sein, es sind sogar drei Brüder, die diese etwas abseits über dem Ostrachtal gelegene Hochalpe bewirtschaften. Eingerahmt von Bschießer, Ponten, Zirleseck, Gaishorn und Rauhhorn finden wir sie in einem Hochtal auf über 1400 Metern. Doch die Willersalpe ist auch sonst eine ganz besondere Alpe, sie gehört zu den wenigen Sennhütten im Allgäu, die nicht über einen Fahrweg versorgt werden können. Die Haflinger der Alpbauern versorgen sie mit allem, was auf der Alpe benötigt wird. Auf demselben Steig, den auch wir gehen, auf dem wir unseren Ausflug dorthin machen. Da die Haflinger den steilen Weg im Winter nicht schaffen, ist die Alpe dann nur am Wochenende bewirtschaftet. Im Sommer weiden hier jedoch Kühe und Jungvieh und es wird Käse und Butter hergestellt. Vorbeikommende Wanderer werden mit Brotzeiten und Suppen versorgt, und bei Bedarf auch mit einem Nachtlager.

 Anfahrt

Mit dem Auto: Auf der Füssener Autobahn (A 7) bis zur Ausfahrt Oy-Mittelberg und dann weiter auf der B 310 / B 308 über den Oberjochpass hinab nach Hindelang; dort links ab nach Hinterstein; am oberen Ortsende, am Ende der öffentlichen Fahrstraße, befindet sich ein großer, gebührenpflichtiger Wanderparkplatz.
Mit Bahn & Bus: Mit dem Allgäu-Schwaben-Takt bis Sonthofen, dann weiter mit dem RVA-Bus über Hindelang nach Hinterstein.

 **Ausgangs- / Endpunkt**

Wanderparkplatz „Auf der Höh'" (880 m).

 Charakter

Mittelschwerer Anstieg auf Fußspuren, teilweise über Forstweg. Einige steilere Passagen. Falls der Untergrund stark gefroren ist, sollten wir Grödeln oder Spikes (z.B. von Kochalpin) und Teleskopstöcke dabeihaben.

Höhenunterschied

Knapp 700 Hm im Auf- wie im Abstieg.

Gehzeiten

Von Hinterstein zur Willersalpe 2 ½ Std., Abstieg zum Wanderparkplatz 2 Std. Gesamtgehzeit: 4 ½ Std.

 **Tourist-Info**

Gästeinformation Bad Hindelang
Am Bauernmarkt 1
87541 Bad Hindelang
Telefon: 0 83 24 / 89 20
Internet: www.badhindelang.info

⊘ KARTE
Topographische Karte 1:50 000
„Allgäuer Alpen" (LDBV)

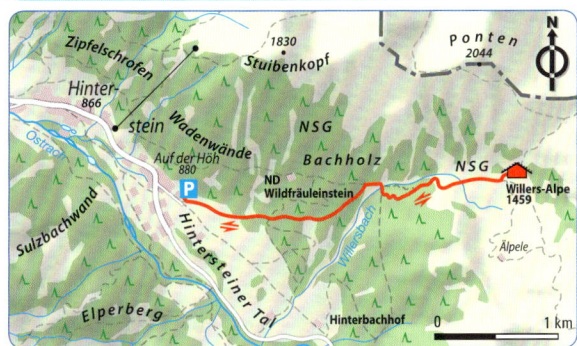

Die tief verschneite Willersalpe

☾⁎ Einkehr & Übernachtung

Willersalpe (1459 m), von Mai bis Ende Oktober
bewirtschaftet, 30 Lager; Tel. 0 171 / 99 39 847.
Im Winter jedoch nur in den Ferien und an den
Wochenenden. Zur Sicherheit vorher anfragen!

Die Route

Vom Parkplatz am oberen Ende von Hinterstein folgen wir kurz dem Fußweg in Richtung Giebelhaus, bis links der ausgeschilderte
Wanderweg (Wegtafel „Zur Willersalpe") abzweigt. Wir wandern zunächst eine Viertelstunde durch verschneite Bergwiesen bis zum
sogenannten Bachholz, dort folgen wir dem
von rechts heraufführenden Forstweg, auf den
wir nun stoßen, weiter durch Wald. Bei der
folgenden Wegabzweigung orientieren wir uns
rechts (Mark.-Nr. 423) und folgen den Stapf-
spuren. Bald hören wir das Rauschen des Wil-
lersbaches und folgen dann dem linker Hand
ausgeschilderten Pfad. Kurz am Bach entlang.
Auf diesem weiter, auf Steg über den Willers-
bach und in steilen Kehren durch Hochwald
hinauf zu den weiten Flächen der Willersalpe.
Wir verlassen den Waldrand, überqueren die
weiten, weißen Flächen und erreichen dann
bald die Willersalpe, die am oberen Ende des
Hochtals liegt.

◀)) Der Jahreszeiten-Tipp

Auf der Willersalpe können wir im Winter ein
stilles Hochtal genießen, ohne jeden Pistenrum-
mel, ohne Menschenauflauf. Es sind nur Menschen unterwegs, die ebenso wie wir die Stille
in den Bergen genießen wollen: Winterwanderer, Skitourengeher und der eine oder andere
Schneeschuhwanderer. Und da wir dort oben
am Wochenende auch mit dem Nötigsten versorgt werden, schätzen wir diesen Ausflug in die
verschneite Allgäuer Bergwelt umso mehr. Die
Hänge oberhalb der Alpen sind nahezu makel-
los, nur vereinzelt von Wildspuren gebrochen,
die Aussicht auf die gegenüberliegende Dau-
mengruppe sowie den Breitenstein ist großartig.
Wir können uns kaum losreißen, als es Zeit zum
Abstieg ist.

*Der Weg führt wieder hinein in den tief
verschneiten Wald*

Frischer Schnee in den Balderschwanger Bergen

Die Breitachklamm ist ein Naturspektakel ersten Ranges! Vor Jahrmillionen hat sich die Breitach bei Oberstdorf tief in den Kalkfels eingegraben. Mit ihren senkrechten, muschelförmig ausgewaschenen Felswänden, den Strudellöchern und den riesigen Abbruchstellen gehört die insgesamt 2,5 Kilometer lange Klamm (die an ihrer engsten Stelle weniger als 3 Meter breit ist), zu den besonderen Attraktionen der Allgäuer Alpen, ja, der gesamten Bayerischen Alpen. An manchen Stellen ist nur mehr durch einen Spalt der Himmel zu sehen, da ihn bisweilen Überhänge verdecken. Im Winter schafft sich die Natur hier grandiose Eisgebilde, die selbst bei spärlicher Sonneneinstrahlung großartige Lichtreflexe erzeugen können. Bereits im Jahre 1905 wurde auf An-

regung des damaligen Pfarrers von Tiefenbach ein aufwendiger Steig mit Stegen, Brücken und Geländern angelegt, um sie Besuchern zugänglich zu machen, wobei die Pioniere nicht vor Sprengungen zurückschreckten, um die Klamm begehbar zu machen. Bis heute haben Millionen Besucher die Breitachklamm durchwandert. Pro Jahr sind es etwa 300 000. Neben einer Durchquerung im Winter werden auch Nachtwanderungen mit Fackeln angebo-

☎ Tourist-Info

Touristinformation Oberstdorf Haus
Prinzregentenplatz 1
87561 Oberstdorf
Telefon: 0 83 22 / 70 00
Internet: www.oberstdorf.de

 KARTE

Topographische Karte 1:50 000
„Allgäuer Alpen" (LDBV)

ten, eine besonders eindrucksvolle Möglichkeit, Naturgenuss mit Nervenkitzel zu verbinden. Und noch ein Plus: Bis auf die Zeit der Schneeschmelze kann die Klamm ganzjährig besucht werden.

Anfahrt

Mit dem Auto: Auf der Füssener Autobahn (A 7) nach Kempten und bei der Abfahrt Oberallgäu / Oberstdorf weiter auf der B 19 über Sonthofen und Fischen nach Oberstdorf; kurz davor, bevor wir die Iller überqueren, dann rechts ab nach Tiefenbach und danach der Ausschilderung zur Breitachklamm folgen. Großer, gebührenpflichtiger Parkplatz mit Gasthaus und Informationsstelle (835 m).

Mit Bahn & Bus: Mit der Deutschen Bahn über Buchloe, Kempten und Immenstadt nach Fischen oder Oberstdorf; von dort mit RVA-Bussen über Tiefenbach zum Ausgangspunkt „Breitachklamm". Falls wir die Strecke nicht zurücklaufen wollen, bieten sich Busverbindungen zurück nach Oberstdorf an: Vom Gasthaus Walserschanz (Ausstiegsmöglichkeit von der Klamm) und von Riezlern.

Ausgangspunkt

Gebührenpflichtiger Großparkplatz in Mittwänden bei Tiefenbach; das ist der nordöstliche, also übliche Klammeingang.

Endpunkt

Riezlern (1386 m) im Kleinwalsertal.

Variante

Am Ende der Klamm können wir zum Gasthaus Walserschanz hinaufsteigen, einkehren und dann mit dem Bus zurückfahren.

Charakter

Zu Beginn breite, geräumte Wanderwege; in der Klamm gut gesicherte Steiganlage mit Stegen, Treppen und Geländern. Gutes Schuhwerk mit griffiger Sohle und warme Kleidung mit Mütze und Handschuhen erforderlich. Da im Winter die Sonne nur selten durch die Spalten lugt, kann es empfindlich kalt sein.

Höhenunterschied

260 Hm im Anstieg nach Riezlern.

Letzte Sonnenstrahlen in der Breitachklamm

 Gehzeiten

Vom Ausgangspunkt bei Mittwänden bis zum Ende der Klamm ¾ Std, Aufstieg zum Gasthaus Walserschanz ¼ Stunde, Weiterweg vom Klammende nach Riezlern 2 Std. Gesamtgehzeit: ca. 3 Std. für den einfachen Weg.

Einkehr & Übernachtung

Gasthaus Breitachklamm (830 m), mit Kiosk, ganzjährig bewirtschaftet, Mittwoch Ruhetag.
Gasthaus Walserschanz (1000 m), ganzjährig bewirtschaftet.
Waldhaus (1040 m), nahezu ganzjährig bewirtschaftet, im Winter von 10–17 Uhr, Donnerstag ist Ruhetag (Zugang von Riezlern 1 Std., vom Ende der Breitachklamm 40 Minuten).

Die Route

Vom großen Parkplatz gehen wir zunächst hinüber zur neuen Informationsstelle kurz hinter dem Gasthaus Breitachklamm, um uns einen Überblick über unser Ziel zu verschaffen. Wir erfahren dort Wesentliches und können auch eine originalgetreue Kopie der gesamten

Am Ende öffnet sich die Klamm

Klamm bewundern. Anschließend wandern wir auf einem schmalen Wirtschaftsweg hinunter zur Breitach. Dort biegt der Weg nach rechts und führt am schnell dahinfließenden Gewässer zum bewaldeten Klammeingang. Nach einem Felstunnel weitet sich die Schlucht sofort wieder und ist noch relativ breit, verengt sich dann aber bald zu einem schmalen Schlund mit hoch aufragenden Felsfluchten. Hier haben sich, wie auf der nahezu ganzen Strecke der 600 Meter langen und 100 Meter hohen Klamm, grandiose Eiszapfen gebildet, die an einigen Stellen Haushöhe erreichen. Zum Teil bilden sie ganze Eiswände und verstärken noch den Tunnelcharakter der Klamm. Der gut mit Eisengeländern gesicherte Steig führt uns nun hoch über dem gurgelnden Wasser, über teilweise zugefrorene Gumpen, Wasserfälle und Strudel bis zur sogenannten Enge, wo sich die Felsen fast bis auf wenige Meter berühren. Denn das schnell fließende Wasser im Klammbett gefriert natürlich trotz eisiger Kälte aufgrund der Fließgeschwindigkeit nur zum Teil. Nach dem aufregenden Teil kommt noch ein leichter Abschnitt bis zum oberen Kassenhäuschen. Auf dem weiteren Weg wechseln wir nun die Bachseite. Die Landschaft entlang des Baches wird nun etwas rauer, vereistes Schwemmholz und große, eisbedeckte Felsbrocken geben dem rauschenden Fluss eine wilde Note. Dann erreichen wir das weite Gelände des Kleinwalsertals. Im „Waldhäusle" ruhen wir uns von den Aufregungen der Klammdurchwanderung erst mal aus, bevor wir den letzten Abschnitt des Weges angehen. Wir unterqueren dann die Straße nach Schwende und folgen schon nach wenigen Metern rechts dem Schwarzwasserbach. Wenige Minuten weiter führt links der Weg nach Riezlern ab. Dort wollen wir noch dem Walsermuseum einen Besuch abstatten, bevor wir mit

Eis verzaubert Felsen und Wanderer

dem Bus nach Oberstdorf zurückkehren. Es sei denn, wir wollen die aufregende Klamm noch ein weiteres Mal genießen und so problemlos zu den geparkten Autos gelangen.

Der Jahreszeiten-Tipp

Ist die Breitachklamm schon im Sommer ein großer Hit unter Wanderfreunden, so übertrifft sie im Winter alle Erwartungen, wenn die senkrechten Felsen von Eis überzogen sind und die Eiskristalle sie bei winterlichem Sonnenschein in eine Glitzerwelt verwandeln. Außerdem finden im Winter regelmäßig Fackelwanderungen durch die Klamm statt.

Der Extra-Tipp

In Riezler gibt es das interessante Walsermuseum (Walserstraße 54), das uns eine gute Einführung in die Kultur der Walser gibt, deren Siedlungsspuren sich bis in die norditalienischen Täler verfolgen lassen. Öffnungszeiten im Winter: Montag bis Donnerstag von 14–17 Uhr,

(November bis Mitte Dezember geschlossen). Tel. 00 43 / 55 17 53 15 285.

Hinweis zur Klamm

Die Breitachklamm ist im Winter außer der Zeit der Schneeschmelze täglich ab 9 Uhr geöffnet, Einlassschluss im Winter ist 16 Uhr. Eintritt: 4,– Euro. Info-Telefon: 0 83 22 / 98 76 70. Der Zugang zur Klamm ist von beiden Seiten möglich (zwei Kassen). www.breitachklamm.com

Wasser sucht sich seinen Weg

Tourenübersichten

Um Ihnen die Auswahl bei der Tourenplanung zu erleichtern, haben wir uns um eine kleine Charakterisierung der einzelnen Wanderungen bemüht. Je nach Jahreszeit, Kondition, Bergerfahrung, die zur Verfügung stehende Zeit, den gegebenen Umständen oder eine erforderliche Rücksicht auf Wanderbegleiter sind die Ansprüche selbst an eine vermeintlich leichte Voralpenwanderung zu bestimmten Zeiten sehr unterschiedlich. Auch wenn die meisten der hier vorgestellten Wanderungen den Genusswanderer ansprechen, bei einigen Touren sind schon mal Trittsicherheit und Schwindelfreiheit – auch wenn es sich nur um einige Passagen auf der Wanderung handeln mag – gefragt. Hier wollen wir Ihnen ein bisschen Orientierungshilfe geben.

 Wanderungen nach Gehzeiten

Die hier angegebene Zeit bezieht sich rein auf die Gesamtgehzeit, ohne Abstecher oder Varianten.

Wanderungen bis zwei Stunden
Tour 18 Eine Runde um den Eibsee
Tour 27 Über die Aidlinger Höhe

Wanderungen bis drei Stunden
Tour 9 Zu den Schleier-Wasserfällen
Tour 10 Durch die Starzlachklamm
Tour 12 Almrunde über Weißbach
an der Alpenstraße
Tour 15 Von Kochel auf die Sonnenspitze
Tour 23 Durchs Bergener Moos
Tour 36 Durch die Partnachklamm zum Eckbauer
Tour 40 Durch die Breitachklamm

Wanderungen bis vier Stunden
Tour 1 Über die Branderalm zur Hörndlwand
Tour 8 Durch die Mittenwalder Buckelwiesen
Tour 16 Von Wessobrunn in den Eibenwald
Tour 17 Lautersee, Ferchensee und Ederkanzel
Tour 19 Wankerfleck und Geiselsteinjoch
Tour 20 Von Faistenoy aufs Fellhorn
Tour 33 Aueralm und Söllbachklause

Wanderungen über vier Stunden
Tour 2 Auf den Geigelstein
Tour 3 Hinauf zur Rampoldplatte
Tour 4 Vom Tegernsee auf die Baumgartenschneid
Tour 5 Von Jachenau auf den Staffel
Tour 6 Auf den Schafreiter
Tour 7 St. Anton – Gamshütte – Gschwandtnerbauer
Tour 11 Zur Schellenberger Eishöhle
Tour 13 Durch die Gießenbachklamm
zum Brünnsteinhaus
Tour 14 Über Neureut, Gindelalm und Kreuzbergalm
Tour 21 Über den Unteren Hirschlauf
Tour 22 Über den Fischbachfall zum Sonntagshorn
Tour 24 Gratwanderung über dem Söllbachtal
Tour 25 Von Krün auf die Schöttelkarspitze
Tour 26 Zum Großen Ahornboden in der Eng
Tour 28 Durch die Pöllatschlucht zum Tegelberg
Tour 29 Über die Alpe Mösle zur Engeratsgundalpe
Tour 30 Über die Gaisalpe zum Rubihorn
Tour 31 Vom Hintersee ins Klausbachtal
Tour 32 Von Marquartstein zum Hochgernhaus
Tour 34 Von Lenggries zur Lenggrieser Hütte
Tour 35 Vom Kesselberg auf den Herzogstand
Tour 37 Von Bad Kohlgrub auf das Hörnle
Tour 38 Das August-Schuster-Haus am Pürschling
Tour 39 Von Hinterstein zur Willersalpe

ꔛ Wanderungen nach Schwierigkeit

Leichte Touren

Wirtschaftswege und leichte, breite Bergwanderwege (die Touren können durchaus lang sein)

Tour 3 Hinauf zur Rampoldplatte
Tour 4 Vom Tegernsee auf die Baumgartenschneid
Tour 8 Durch die Mittenwalder Buckelwiesen
Tour 12 Almrunde über Weißbach
        an der Alpenstraße
Tour 14 Über Neureut, Gindelalm und Kreuzbergalm
Tour 16 Von Wessobrunn in den Eibenwald
Tour 17 Lautersee, Ferchensee und Ederkanzel
Tour 18 Eine Runde um den Eibsee
Tour 23 Durchs Bergener Moos
Tour 31 Vom Hintersee ins Klausbachtal
Tour 33 Aueralm und Söllbachklause
Tour 38 Das August-Schuster-Haus am Pürschling

Mittelschwere Wanderungen

Anstiege bzw. Abstiege auf zum Teil schmalen, aber ungefährlichen Bergwanderwegen

Tour 1 Über die Branderalm zur Hörndlwand
Tour 2 Auf den Geigelstein
Tour 5 Von Jachenau auf den Staffel
Tour 6 Auf den Schafreiter
Tour 7 St. Anton – Gamshütte – Gschwandtnerbauer
Tour 9 Zu den Schleier-Wasserfällen
Tour 10 Durch die Starzlachklamm
Tour 11 Zur Schellenberger Eishöhle
Tour 13 Durch die Gießenbachklamm
        zum Brünnsteinhaus
Tour 15 Von Kochel auf die Sonnenspitze
Tour 19 Wankerfleck und Geiselsteinjoch
Tour 20 Von Faistenoy aufs Fellhorn
Tour 21 Über den Unteren Hirschenlauf
Tour 22 Über den Fischbachfall zum Sonntagshorn

Tour 26 Zum Großen Ahornboden in der Eng
Tour 27 Über die Aidlinger Höhe
Tour 28 Durch die Pöllatschlucht zum Tegelberg
Tour 29 Über die Alpe Mösle zur Engeratsgundalpe
Tour 32 Von Marquartstein zum Hochgernhaus
Tour 34 Von Lenggries zur Lenggrieser Hütte
Tour 35 Vom Kesselberg auf den Herzogstand
Tour 36 Durch die Partnachklamm zum Eckbauer
Tour 37 Von Bad Kohlgrub auf das Hörnle
Tour 39 Von Hinterstein zur Willersalpe
Tour 40 Durch die Breitachklamm

Anspruchsvolle Wanderungen

Anstiege bzw. Abstiege auf schmalen Pfaden, evtl. mit ausgesetzten Stellen und vereinzelten Drahtseilsicherungen (also mit Passagen, wo Trittsicherheit und Schwindelfreiheit erforderlich sind).

Tour 24 Gratwanderung über dem Söllbachtal
Tour 25 Von Krün auf die Schöttelkarspitze
Tour 30 Über die Gaisalpe zum Rubihorn

ꔛ Familienfreundliche Touren

Hier finden Sie Touren, die sich besonders gut für Familien mit Kindern eignen, sei es, weil die Wege abwechslungsreich sind, sei es, weil auf unserer Routen Hütten liegen, die sich auf die Aufnahme von Kindern gut eingestellt haben oder weil sich an unserem Weg viele Spielmöglichkeiten befinden.

Tour 3 Hinauf zur Rampoldplatte
Tour 7 St. Anton – Gamshütte – Gschwandtnerbauer
Tour 8 Durch die Mittenwalder Buckelwiesen
Tour 9 Zu den Schleier-Wasserfällen
Tour 10 Durch die Starzlachklamm
Tour 12 Almrunde über Weißbach
        an der Alpenstraße

Tourenübersichten

Tour 14 Über Neureut, Gindelalm und Kreuzbergalm

Tour 17 Lautersee, Ferchensee und Ederkanzel

Tour 18 Eine Runde um den Eibsee

Tour 27 Über die Aidlinger Höhe

Tour 33 Aueralm und Söllbachklause

Tour 37 Von Bad Kohlgrub auf das Hörnle

Tour 38 Das August-Schuster-Haus am Pürschling

Tour 40 Durch die Breitachklamm

Wanderungen mit ganzjähriger Einkehr

Hier sind Touren zusammengefasst, auf denen Sie zu allen Jahreszeiten gut einkehren können, auch wenn die eine oder andere Hütte oder Alm zeitweise wegen Betriebsurlaub geschlossen hat. Ganzjährig bewirtschaftete Gasthäuser, die mit dem Auto angefahren werden können, sind jedoch nicht aufgenommen.

Tour 2 Auf den Geigelstein

Tour 4 Vom Tegernsee auf die Baumgartenschneid

Tour 17 Lautersee, Ferchensee und Ederkanzel

Tour 18 Eine Runde um den Eibsee

Tour 32 Von Marquartstein zum Hochgernhaus

Tour 33 Aueralm und Söllbachklause

Tour 34 Von Lenggries zur Lenggrieser Hütte

Tour 36 Durch die Partnachklamm zum Eckbauer

Tour 37 Von Bad Kohlgrub auf das Hörnle

Tour 38 Das August-Schuster-Haus am Pürschling

Tour 39 Von Hinterstein zur Willersalpe

Tour 40 Durch die Breitachklamm

Ideal für die Anfahrt mit Bahn & Bus

Anfahrt mit der Bahn

Touren, bei denen Sie direkt vom Bahnhof losmarschieren können:

Tour 4 Vom Tegernsee auf die Baumgartenschneid

Tour 7 St. Anton – Gamshütte – Gschwandtnerbauer

Tour 14 Über Neureut, Gindelalm und Kreuzbergalm

Tour 15 Von Kochel auf die Sonnenspitze

Tour 17 Lautersee, Ferchensee und Ederkanzel

Tour 18 Eine Runde um den Eibsee

Tour 23 Durchs Bergener Moos

Tour 34 Von Lenggries zur Lenggrieser Hütte

Tour 37 Von Bad Kohlgrub auf das Hörnle

Tour 38 Das August-Schuster-Haus am Pürschling

Anfahrt mit Bahn & Bus

Touren, bei denen Sie vom Bahnhof mit einem Bus (ohne Umsteigen) direkt zum Ausgangspunkt kommen:

Tour 1 Über die Branderalm zur Hörndlwand

Tour 2 Auf den Geigelstein

Tour 5 Von der Jachenau auf den Staffel

Tour 6 Auf den Schafreiter

Tour 7 St. Anton – Gamshütte – Gschwandtnerbauer

Tour 10 Durch die Starzlachklamm

Tour 11 Zur Schellenberger Eishöhle

Tour 20 Von Faistenoy aufs Fellhorn

Tour 21 Über den Unteren Hirschenlauf

Tour 22 Über den Fischbachfall zum Sonntagshorn

Tour 26 Zum Großen Ahornboden in der Eng

Tour 28 Durch die Pöllatschlucht zum Tegelberg

Tour 31 Vom Hintersee ins Klausbachtal

Tour 35 Vom Kesselberg auf den Herzogstand

Tour 36 Durch die Partnachklamm zum Eckbauer

Tour 40 Durch die Breitachklamm

Wanderungen für alle Jahreszeiten

 Wanderungen
mit Gipfeleinlage

Leichte Anstiege

Gipfelanstiege, die auf breitem oder schmalem Weg verlaufen, die aber auch für Nicht-Schwindelfreie geeignet sind:

Tour 3 Rampoldplatte
Tour 4 Baumgartenschneid
Tour 15 Sonnenspitze
Tour 26 Mahnkopf
Tour 34 Seekarkopf
Tour 37 Hinteres Hörnle

Mittelschwere Anstiege

Gipfelanstiege, die Trittsicherheit voraussetzen und den schon etwas geübten Bergwanderer erfordern:

Tour 1 Über die Branderalm zur Hörndlwand
Tour 2 Auf den Geigelstein
Tour 5 Von Jachenau auf den Staffel
Tour 6 Auf den Schafreiter
Tour 13 Durch die Gießenbachklamm
        zum Brünnsteinhaus
Tour 19 Wankerfleck und Geiselsteinjoch
Tour 22 Über den Fischbachfall zum Sonntagshorn
Tour 28 Durch die Pöllatschlucht zum Tegelberg
Tour 32 Von Marquartstein zum Hochgernhaus
Tour 35 Vom Kesselberg auf den Herzogstand

Anspruchsvolle Anstiege

Gipfelanstiege, bei denen Sie Trittsicherheit, Schwindelfreiheit und Bergerfahrung mitbringen müssen. Einige Passagen sind z. T. recht ausgesetzt, andere mit Sicherungsmitteln versehen (wie Drahtseile, Eisenbügel etc.):

Tour 11 Zur Schellenberger Eishöhle
Tour 24 Gratwanderung über dem Söllbachtal
Tour 25 Von Krün auf die Schöttelkarspitze

Tour 30 Über die Gaisalpe zum Rubihorn
Tour 38 Das August-Schuster-Haus am Pürschling

Wanderungen am Wasser

Auf diesen Touren wandern Sie überwiegend am Wasser, d. h. an einem Bach oder einem See entlang:

Tour 9 Zu den Schleier-Wasserfällen
Tour 10 Durch die Starzlachklamm
Tour 13 Durch die Gießenbachklamm
        zum Brünnsteinhaus
Tour 18 Eine Runde um den Eibsee
Tour 28 Durch die Pöllatschlucht zum Tegelberg
Tour 36 Durch die Partnachklamm zum Eckbauer
Tour 40 Durch die Breitachklamm

Blumenwanderungen

Auf diesen Touren bieten sich die Gelegenheit, die einheimische Flora etwas besser kennenzulernen

Tour 2 Auf den Geigelstein
Tour 3 Hinauf zur Rampoldplatte
Tour 5 Von der Jachenau auf den Staffel
Tour 20 Von Faistenoy aufs Fellhorn

Almwanderungen

Hier sind unsere bevorzugten Ziele bewirtschaftete Almen, d.h. wir steuern eine oder mehrere besonders schöne Almen an

Tour 12 Almrunde über Weißbach
        an der Alpenstraße
Tour 14 Über Neureut, Gindelalm und Kreuzbergalm
Tour 33 Aueralm und Söllbachklause

Register

Impressum

ISBN: 978-3-8094-3594-5

1. Auflage
© 2016 by Bassermann Verlag, einem Unternehmen der Verlagsgruppe Random House GmbH, Neumarkter Str. 28, 81673 München

© 2011 by Südwest Verlag, einem Unternehmen der Verlagsgruppe Random House GmbH, 81673 München
Die Originalausgabe erschien unter dem Titel *Wanderungen für alle Jahreszeiten in den Bayerischen Hausbergen.*

Jegliche Verwertung der Texte und Bilder, auch auszugsweise, ist ohne die Zustimmung des Verlags urheberrechtswidrig und strafbar.

Die Verlagsgruppe Random House weist ausdrücklich darauf hin, dass im Text enthaltene externe Links vom Verlag nur bis zum Zeitpunkt der Buchveröffentlichung eingesehen werden konnten. Auf spätere Veränderungen hat der Verlag keinerlei Einfluss. Eine Haftung des Verlags für externe Links ist stets ausgeschlossen.

Die Informationen in diesem Buch sind vom Autor und Verlag sorgfältig geprüft, dennoch kann eine Garantie nicht übernommen werden. Eine Haftung des Autors bzw. des Verlags und seiner Beauftragten für Personen-, Sach- und Vermögensschäden ist ausgeschlossen.

Simon Auer ist Autor von zahlreichen Wanderbüchern und lebt in München. Die Bayerischen Alpen kennt er wie seine Westentasche.

Projektkoordination dieser Ausgabe:
Claudia Maria Weiß

Umschlaggestaltung
Atelier Versen, Bad Aibling

Kartografie
Heike Boschmann, München

Layout & Satz
Christoph Dirkes, Neuenkirchen

Herstellung
Elke Cramer

Bildnachweis
Alle Fotos stammen von Stefan Rosenboom.
Illustrationen: © iStockphoto.com/MrPlumo

Verlagsgruppe Random House FSC®N001967

Druck und Bindung
Neografia, Martin

Printed in Slovakia

57908670111

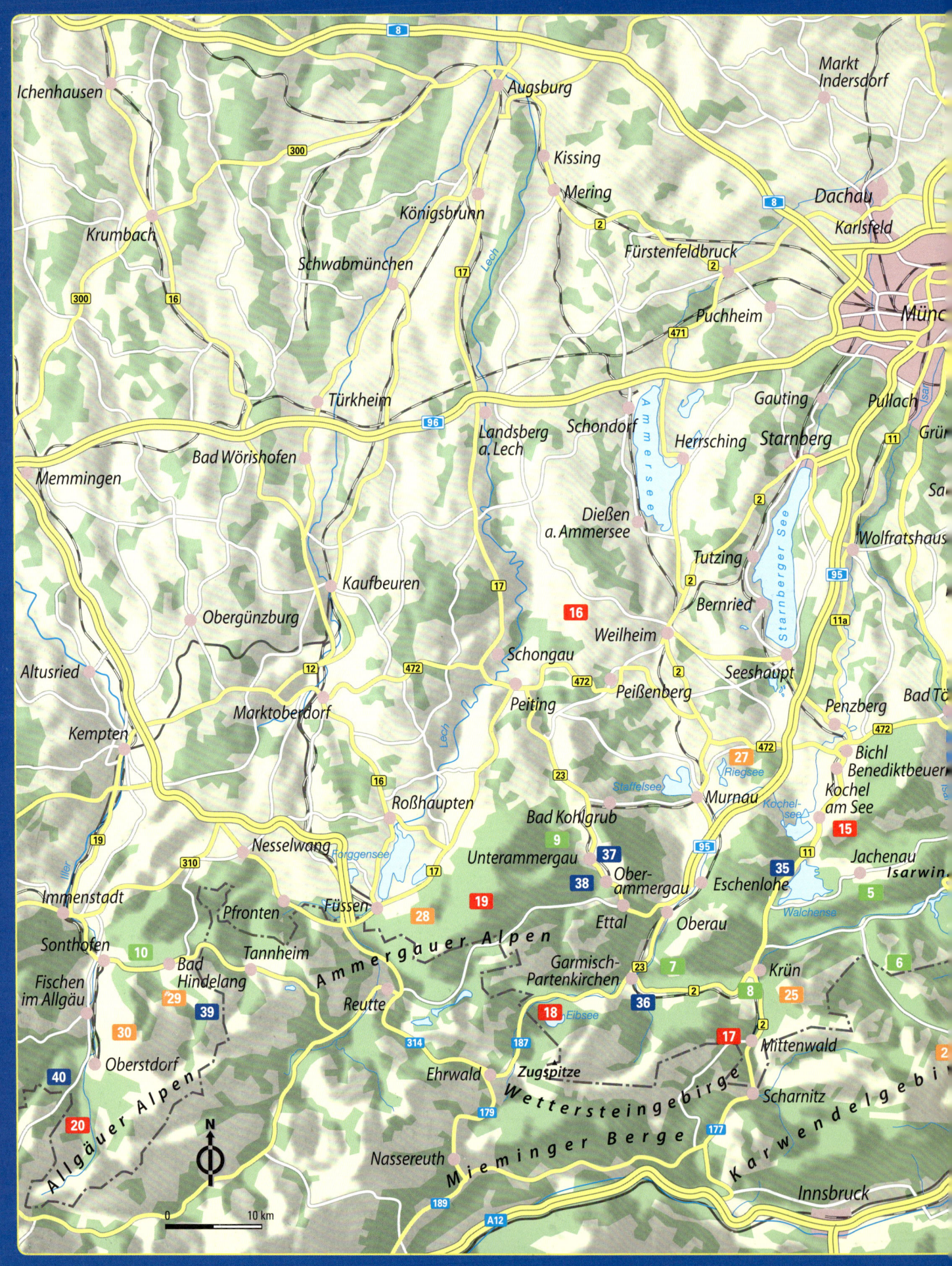